एक ऐसी दुनिया की तलाश में

अरुण शीतांश

वाणी प्रकाशन

वाणी प्रकाशन

'लोगो' वाणी प्रकाशन : मक़बूल फ़िदा हुसेन

वाणी प्रकाशन, 4695, 21-ए, दरियागंज, नयी दिल्ली-110002
वाणी प्रकाशन, अशोक राजपथ (पटना कॉलेज के सामने), पटना (बिहार)

EK AISI DUNIYA KI TALASH MEIN

by Arun Sheetansh

Collection of Poems

ISBN : 978-93-5000-503-3

प्रथम संस्करण

मूल्य : 200/-

वाणी प्रकाशन

फोन : **0091#11#23273167**, फोन व फैक्स **23275710**
वेबसाइट : **www.vaniprakashan.in**
ई-मेल : **vaniprakashan@gmail.com**

जी.एस. ऑफसेट द्वारा दिल्ली-110032 में मुद्रित

माँ और पिताजी को–

भूमिका

जीवन और कविता दोनों मूल्यवान हैं। जीवन की कसौटी पर खरा उतरना मुश्किल है। सीधा सा कारण है—हम जैसे-जैसे बड़े होते जाते हैं आँखें सब बताती चलती हैं।

परिवार की आकांक्षा की पूर्ति न होना और संवेदनशील हो जीवन की धारा में बह जाना आदर और आदत की बात है। जहाँ से कविता की धारा बहती है, शुरू होती है, फूटती है और निरन्तर बह जाने को मन करता है। आदर हम प्रकृति को देते हैं जहाँ चिड़ियाँ, वृक्ष, फूल, तृण, पहाड़, सागर, घाटियाँ और कन्दराएँ हैं। बर्फ और गर्मी, बरसातें और नमी है।

आदत जीवन की बहुत बड़ी बात है। किसी भी सृजनकर्ता की आदत उसका लेखन कार्य है। लेखक कहाँ से जोड़ता है अपने को? पहले परिवार से और तब समाज से। परिवार भी एक समाज है। जहाँ सम्पूर्ण जीवन संघर्ष की आँच में तपते हुए मिट जाता है। और तब जुड़ी और बची रहती है कविता। कविता की भूख जीवन की भूख है जीवन की भूख कविता की भूख है।

गाँव में रहते हुए जिस स्वप्न को देखा था, वहाँ इक्कीसवीं सदी में पहुँचकर लेश मात्र भी परिवर्तन नहीं हुआ। जीवन कटता जा रहा है। आवश्यकताएँ बढ़ती जा रही हैं। जो थोड़ी जमीं बची है उस पर कर्ज और बैंक की आँखें हैं। गाँधी की बातें नहीं हैं।

टांड-टिपुर जमीं कौन पूछता है। वहाँ खेलने का मैदान है। जहाँ से कविता शुरू हुई। सोचने-समझने का। टांड-टिपूर जमीं ने ही रचनाकार बनाया। सोन नदी सटे बहती है लेकिन जीवन अधूरा रहा है। प्यासा रहा है। गाँव में रहने के कारण वहाँ के शब्द रचे-बसे हैं जीवन में। गाँव की गालियाँ याद आती हैं जो संस्कृति से जुड़ी हैं। वह समय याद आता है 1980-85 का जो अमूल्य था। वहाँ उस समय जो जैसा था वैसा ही है। थोड़ा बदला है। 1986 में मगह छोड़ भोजपुर में आने के कारण कविता पहले भोजपुरी में तब हिन्दी में विकसित हुई।

कविता ने एक अच्छा इनसान बनाया। नहीं तो नरक यात्रा प्रतीक्षा कर रहा था बाँहों में समेटने के लिए। न जाने क्या होता? एक शिक्षक पुत्र होना भी बड़ा धर्म था और उससे बड़ा धर्म का पालन साहित्य में आकर हुआ। नहीं

तो खैनी खाकर, गाँजा पीकर, न आवारा होता न गुंडा, न अपराधी, न नेता न...न...न...।

2010 में जब गाँव गया तो वह ताड़ का पेड़ दिखाई दिया जहाँ एक बड़ा आम का बगीचा साधु बाबा का लगाया हुआ है, वर्ग छः में टॉप करने पर दोस्तों ने ताड़ी पिलायी और बरसात में फेदा खाने की याद चरम सीमा पर आकर रुक गयी। आँखें भर आयीं। और एक पुराना दोस्त मिला जो उम्र के 50 वर्ष की तरह दीख रहा था भैंस चराते हुए।

अचानक मुझे लगा मैं तो इन्हीं के बारे में लिखता हूँ, सोचता हूँ। कविता रचा करता हूँ। वह बाल प्रेम याद आया जब एक टोकरी आम बिना सोचे-समझे दे दिया था उस लड़की को। और लौटते वक्त वह घास गढ़ रही थी और आम की माँग की। एक लोटा आम भरा उसे फिर दे दिया और पत्नी को जाकर बताया तो पत्नी ने शक की बाद में मुक्ति दी। उस रात सो नहीं पाया और सारी घटनाएँ गाँव में याद आती रहीं। जहाँ कविता निर्मित हो रही थी मनःस्थिति में। वैसे कई बार मनःस्थिति से गुजरना पड़ा जिस पर गर्व तो कर ही सकता हूँ। जिसने समाज में एक पहचान दी, करुणा दी। वह भी ऐसे समय में जहाँ रिश्ते प्लास्टिक की तरह बन रहे हैं। संवेदना गायब हो रही है। कविता में या किसी भी विधा में संवेदना जरूरी है।

मेरा जीवन इस तरह से बढ़ा है और न जाने वह दुःख वह सुख कितनी ताकत देगा पता नहीं। हस्तक्षेप करते हुए मेरा मन बार-बार गाँव की ओर जाता है और सागर-सा शान्त और हलचल भी पैदा कर जाता है। जो कविता में समाहित है।

एक बार एक सब्जी वाला बेटे का नामांकन कराने आया तो लगा उसका बेटा मैं ही हूँ, लेकिन जब प्राचार्य ने मना किया तो उदासी के सिवा कुछ नहीं मिला। बाद में वह फी जमा करने आया तो तुझे आश्चर्ग हुआ और खुशी भी। उसने कोकंलवर आने का आमंत्रण दे डाला। वहाँ जीवन इतना भसूर और रोमांचकारी रहा। राष्ट्र का बच्चा बच गया और कविता भी बच गयी। इस तरह कविता हमेशा बची रहेगी। जब तक पृथ्वी पर जीवन रहेगा।

अन्त में मेरा वाणी प्रकाशन के स्वत्वाधिकारी श्री अरुण माहेश्वरी को हार्दिक साभार। साथ ही प्रेमकिरण व अपने दोनों बच्चों अनुराग और अनुष्का को जिनका कि मूल्यवान समय मैंने लिया।

—अरुण शीतांश

अनुक्रम

एक ऐसी दुनिया की तलाश में

घर के कोने में
एक पाँव पर खड़ा हूँ
तुम्हारी प्रार्थना के लिए
ध्यान के लिए
चैन की नींद के लिये
तुम रह सको
    तनावमुक्त
पृथ्वी की पीड़ा लिए
सुनसान गली की
    वेदना में
चल सकें हम साथ-साथ
एक ऐसी दुनिया की तलाश में
जहाँ भरपूर हो
जीवन का संघर्ष
और भरपूर हो
प्यार...!

('कथादेश', 2000, नई दिल्ली)

चाँद की चोरी

किसी ने सत्य की
चोरी की
चोरी की झूठ की
प्यार की
शायद सबने मिलकर चोरी की
देश की
प्रेमिका ने प्रेम की
माली ने फूल की
शहर ने देहात की
यार ने यारी की
मैंने तो चोरी की
चाँद की

('वागर्थ', 1998, कोलकाता)

चिड़िया की पहली उड़ान

सोलह श्रृंगारयुक्त तेरी मंह-मंह देह
बाँध देती हवा को
पुल पर खड़े दो युवकों को
सोलह संस्कारयुक्त तेरे तरंगमय गीत
वेध देते हैं
नव-नव उरों को
छाँव-धूप, धूप-छाँव में बजती बाँसुरी
आती है ग्राम्य धुन बंसवारी में झिंगुरी
रहूँ मैं कैसे मौन
तेरा आँचल चूमता मृदाकण
कर रोपता धान के नव-नव पौध
चुनता रक्तकर गेहूँ के दाने
लोढ़ता सुमन वाटिका से
घोर विश्वास के क्षणों में
चूमता तेरे केशजाल
है पंछी की पहली उड़ान नव खोते से
समा गई आशाओं की चिड़िया
सुखद घोंसले में
अतल-वितल में
पुष्प-पराग में
बदलते रिश्तों को
लगी है लघु से बृहत् दुनिया बनाने में
साधों के नए-नए अंकुर उगाने में

('उजास', 2001, बक्सर)

बाबूजी

किसी विज्ञापन के लिए नहीं आया था यहाँ
धकेल दिया गया था गले में हड्डी लटकाकर
विष्णुपुरा से आरा
महज संयोग नहीं था
भगा दिया गया था मैं

बाबूजी
आपकी याद बहुत आती है
जब एक कंधे पर मैं बैठता था
और दूसरे कंधे पर कुदाल
पके हुए केश को सहलाते हुए चला जाता था
खेतों की मेंड़ पर गेहूँ की बालियाँ लेती थीं हिलोरें
थके-हारे चेहरे पर तनिक भी नहीं था तनाव
नइकी चाची चट-पट खाना निकाल जमीन को पोतते हुए
आँचल से सहला देती थीं गाल

आज आप पाँच लड़कों पाँच पोतों और दो पोतियों के बीच अकेले हैं
पता नहीं अब आप क्यों नहीं जाते खेत
क्यों नहीं जाते बाबा की फुलवारी
सिर्फ ढहे हुए मकान में रहना चाहते हैं
और गाँव जाने पर काजू-किशमिश खिलाना चाहते हैं
आप अब नहीं खिलाते बिस्कुट
जुलूम बाबा की दुकान वाली
जो दस बार गोदाम में या बीस बार बोयाम में हाथ डालकर

एक दाना दालमोट निकालते जैसे जादू
सुना है उस जादूगर की जमीन बिक गई
उनके लड़के धनबाद में बस गए
वहाँ आटा-चक्की चलाते हैं

बाबूजी आपकी याद बहुत आती है
मधुश्रवां मलमास मेला की मिठाई
और परासी बाजार का शोभासाव का कपड़ा
आपके झूलन भारती दोस्त
सब याद आते हैं
सिर्फ याद नहीं आती है
अपने बचपन की मुस्कान...

('समकालीन कविता', 2003, पटना)

पृथ्वी की पीड़ा

उसके हाथ में चाँद है
आपके हाथ में सूरज
जन के हाथ में बादल
पशु-पक्षी के हाथ में पृथ्वी

मेरे हाथ में है
चाँद का दाग
सूरज का आग
बादल की आवाज़
और
पृथ्वी की पीड़ा

('जनपथ', 1998, आरा)

छाई

माँ के छनौटा से छनकर नहीं आया
किसी अफ़सर के चैम्बर से भी नहीं
यह ईंट के भट्ठों से गुजरता
उन हाथों के स्पर्श से सरकता आया
जहाँ दुनिया में
इण्डिका, मेटिज, सैंट्रो, ज़ेन, एम्बेसडर
और मारुति चलती है
छाई की प्राथमिक पाठशाला सड़क है
माध्यमिक पाठशाला रोड है
उच्च पाठशाला पथ है...।

('समरलोक', 2000, भोपाल)

माँ

तूने देखा होगा जरूर किसी निरीह माँ की सुन्दर आँखें
जैसे पूर्व जमाने में गहने के मुख पर होती थीं
दो-दो शाखें
हाँ तूने देखा होगा जरूर लाचार माँ की खूबसूरत बाँहें
जैसे आज भी वृक्ष की टहनियों से निकलती हैं साँसें
तूने देखा होगा अवश्य दुखिया माँ की लोर
जिसमें बसता है मधुर संगीत
वायलिन से निकला शोक गीत
जैसे पहले और आज भी है भोर
और कोयल का गीत

तूने देखा होगा माँ का विलाप
जिसमें छुपा-छुपा रहता है
शीतांश का प्यार जैसे खुशी के लिए
पुराने-पुराने ही सही
चरचराकर फाड़ देती थीं
सॉल
बनाने के लिए मेरा ठंढा का फुलपैंट
ऐसे में यारो
सिर्फ माँ
समय के सत्य में लाश की तरह
न जाने कितनी माँएँ जिंदा हैं अभी

('झंकृति', 1999, धनबाद)

आने वाली रात

रास्ते में पत्थर की आवाज आ रही है
सोच में हूँ
रेलगाड़ी गुज़र रही है
हर बीस मिनट पर
मेरे मकान के बगल से
कुछ खोज में हूँ
पड़ोसी का बच्चा रो रहा है
शुरुआती रात में ही
कहीं-कहीं कंहर रही है कोई औरत
कि आनेवाली रात में
कली से फूल खिलेगा
सुबह-सुबह।

('यावत्', 1999, बड़वानी)

थकान

जैसे तू संत
वैसे तू अंत

जैसे तू निकट
वैसे तू विकट

जैसे तू भाई
वैसे तू कसाई

जैसे तू सात
वैसे तू नाथ

जैसे तू निशान
वैसे तू थकान

('कथ्य रूप', 2001, इलाहाबाद)

दोस्त एल्युमीनियम

एल्युमीनियम की परत ने
भूमि के गर्भ से निकलकर
मेरे जीवन को सुरक्षित करने में काफी मदद की
मेरे साथ एल्युमीनियम का
बर्तन आज भी है

मेरा प्यारा एल्युमीनियम
चाँदी से भी ज्यादा आब़दार
अनमोल रत्न-सा
सुनहली मिट्टी पर पड़ा है
मेरे एल्युमीनियम के बर्तन का किनारा घाटी-सा
उसका आकार पृथ्वी-सा
मेरे बाप ने दिया है
प्रतिदिन भोजन के लिए
ये नीलाकाश जैसा मेरा
यह एल्युमीनियम का बर्तन

('युद्धरत आम आदमी', 2000, नई दिल्ली)

लोग कहते हैं

मचान पर बैठे मामा पागल हैं
पागल हैं गाँव के लिए
जो कभी स्वतंत्रता सेनानी थे
उस समय ज्यादा पागल होते हैं
जब एक ही गोतिया में होती है लड़ाई
और गाँव के लोग रहते हैं मूक
आज गाँव अशान्त है
लोग परेशान हैं
फिर भी खिल रहा है
कचनार का फूल
और फूल रहा है गूलर (जिसका सिर्फ फल ही होता है)
और मामा की बात नहीं
गाँव के लोग शहर के लिए बेहोश हो रहे हैं
पगला रहे हैं...
जैसे अपने नशे में
कविता लिखता कोई कवि

('जन संसार', 2001, कोलकाता)

रात ही रात

पसर रही है रात
आँगन में
वहाँ से एक रेणु को लेकर चलूँ
कोसों दूर पैदल
जहाँ की पता न हो
न कोई ठौर-ठिकाना
छुपूँ धीरे-धीरे
    चाँद की तरह
काले-काले बादल में
जहाँ पानी में घास हो
और घास पर कुलाचें मारते
दो खरगोश
जैसे आकाश में
दो कबूतर
चक्रवात की तरह

('यावत्', 1999, बड़वानी)

सितुहा

न जाने कितने हाथों से गुजरे
उन्हें भी कैद किया लोगों ने
उसकी स्वतंत्रता छीनी हक छीना
परिवार से बिछुड़े

कितना स्वच्छंद था
सागर किनारे
पुनिया छील रही थी खीरा
इससे पहले पिता ने पटका फाड़ा
पत्थरों पर इतना रगड़ा इतना रगड़ा
पासवाले ने किया झगड़ा
अपने-अपने लिए।

वह इतना आब़दार था
इतना तेजस्वी इतस्पात था
'मोहनी' नाम रखा था उसका
कई घर में कई नाम
आम के मौसम में उसकी खोज होती तेजी से
और उतने ही तेजी से वे खत्म होते रहे
मात्र औजार नहीं था सितुहा
एक विचार था, जीवन था, आनन्द था
शैतानों के घरों में भी वही सुन्दरता थी
अब सितुहा मिलता है पर सस्ता नहीं
अब बाज़ार का मटरमाला है
दुआरी पर टाँगनेवाला शिवाला है
बनानेवाले का निकलता दिवाला है
खुशी है समुद्र के पेट में पल रहा है अभी भी
सितुहा-समुद्र-सा और समुद्र सितुहा सा...।

('साक्षात्कार', 2000, भोपाल)

मामा का मचान

ओ मेरे सुग्गे!
कितने प्यारे हो
खूबसूरत दुनिया में
और इस दुनिया में जीवन के नए खतरे उमड़ रहे हैं
बिजली चमक रही है
बादल गरज रहे हैं
पानी बरस रहा है

मामा
मचान पर मल्हार गा रहे हैं
खेतों में (कहीं-कहीं) हिल रहे हैं मामी के कानों का कुंडल
सोने के दाने चमक रहे हैं
घर में दाने हैं
      तो देश है
घर में पाने को है
      तो प्रेम है

ओ मामा!
तुम लहलहाते खेत में सुग्गा का सुगना हो
हवाओं में अँगूठी का नगीना हो
गर्मी के मौसम में मामी का पसीना हो
मचान पर बैठा संविधान का नमूना हो
चलो! चलो दोस्तों!
ऐसी जगह जहाँ पानी में बच्चे छप-छप करते हों
देखो—
मामा-मामी आलिंगनबद्ध
मचान पर पड़े हैं

('कथ्यरूप', 2001, इलाहाबाद)

उदास रात

दादी की लोरी
सरसों के फूल की तरह होती थी
आज की रात
हाँ, आज की रात कौन सुनायेगा लोरी
कि सो सकूँ
यह रात नगर की रात है
होटल की रात है
दादी की गोद नहीं
बरसात का मौसम है
पाँव में पंक नहीं लगे हैं
इसलिए जूते में लगे मिट्टी की सुगन्ध से
आधी रात खुश रहा
और आधी रात उदास आँख खोल सोता रहा
याद आती रही गाँव के पूरब में केवाल मिट्टी
पश्चिम में बलुआही
उत्तर में ललकी
और दक्षिण में सब के सब मिट्टियाँ
और हर मिट्टी के लोंदों से बनी
मेरी दादी...।

('माध्यम', 2001, इलाहाबाद)

साँवली रात

सुबह की पहली किरण
पपनी पर पड़ती गई
और मैं सुन्दर होता गया
शाम की अन्तिम किरण
अन्तस पर गिरती गई
और मैं हरा होता रहा
रात की रौशनी
पूरे बदन पर लिपटती गई
और मैं साँवला होता गया

('यावत्', 1999, बड़वानी)

पहले-पहल

पहला शब्द
पहली बातें
पहला वाक्य
पहली मुलाकातें
पहला प्यार माँ का
और मेरी पहली नज़र
माँ के पैरों में लगे
    अलत्ते पर
पहली गुमान सुन्दरता की
पहली लड़की का स्पर्श
गुलाब-सा
पहला दोस्त विकलांग
पहली पढ़ाई करहा के किनारे झोपड़ी में
पहले-पहल
करते-करते
पहला-पहला नहीं रहा
जहाँ पहले सी पहल थी

('हंस', फरवरी 2003, नई दिल्ली)

नउनिया

काया
माया
और गाँव की छाया एक होने पर
नउनिया होती है

आम के पत्ते ढोते-ढोते
पैरों में अलत्ता लगाते-लगाते
पैसा गिनते-गिनते
दुआरी के चौकी पर बैठी
देश की चाँदी-सी नउनिया होती है

पर्व-त्योहार, शादी-ब्याह का आधा आकर्षण
पौधों को सींचती हुई
माँजती धोती बर्तन
ताली बजा-बजाकर करती कीर्तन
नउवा की नउनिया होती है

दूल्हे का हाथ-पैर धोती-पोंछती
रचती फूल-गुलाब-चमेली-बसंती
नशीली आँख लिए
छाती से चिपकाती
औरत बन निहारती नउनिया होती है

चौका पर गणेश रखती
इकरंगा, शंख, केला का पत्ता बाँधती
पंडितों को टोकती, डाँटती, फटकारती
अपना हक माँगती रौब जमाती हुई
नउनिया होती है

('साक्षात्कार', 2000, भोपाल)

दादी की दउरी*

तुम थीं तो एक छोटी-सी खुशी थी
तुम गयीं दुःख रहा पृथ्वी पर
कटहल का पेड़
आम का बगीचा
गुलाब का बगान
घर-घर दाना बाँटने वाली दउरी में दर्द रहा
दउरी थी तो लाल कनेर-सा फूल था
सोहर था मंगल गीत थे
दउरी का रंग लाल था हरा था कत्थई था
और रंग था तो जीवन था
सच ही तो था तुम दुःख को सुख कहती
सुख को ईश्वर की कृपा
प्यार करती रंभाती खूँटे की गाय को
मेरा माथा चूमती हाथ रखती छाती पर
जी भर आता
तुम नहीं तो कुछ भी नहीं
लेकिन यह कैसा संयोग है
तुम्हारे नहीं होने के बाद भी है
तुम्हारी दउरी
बसंत और फूलों के तमाम रंगों से रँगी
और अन्न के दानों से भरी

('माध्यम', 2001, इलाहाबाद)

---

*दउरी—डालिया, दौरी

नानीवाली नहर

हर सुबह
हर मौसम में भजन गाती नानी
नहा आती थी नहर में

माथे पर पल्लू डाले
उम्र के आखिरी छोर पर भी घूँघट निकाल लेती
और ख़याल रखती कि आ न जाए पैर के नीचे
चींटी और केंचुआ भी, नानी सपने में भी नहीं सोचती गाँव में किसी की
हत्या की बात

नहर का पानी छूती
तो प्रणाम करती थी सूर्य को
निकलती तो धरती के पाँव छूती
कि हरी-भरी रहे उसकी कोख
धान की बालियों की तरह गाती गीत
लेकिन इसी नहर पर जब मारे गए नाना
नानी को पानी छूते डर लगता था
अब नानी को लगता कि पृथ्वी हिलेगी
उखड़कर गिरेंगे पेड़
धरती फटेगी और नानी समा जायेगी
ऐसा करके उसकी खर्राटों भरी नींद दूर चली जाती

एक दिन नानी ने देखा सपने में
कि नहर का पानी सूख गया है

और नानी के लड़के लगा रहे हैं कहकहे
साथ में नानी की भी थी छाया प्रतिमा
नानी...
जल की अजस्र धारा की तरह उठी
और देखते देखते फैल गई खेतों में
नानी के लड़के पेड़ की तरह किनारों पर अड़े
नाना पुल की तरह खड़े और नानी बहती रही
सोन के कछार का कर्ज लिए नहर में

इस घटना का आज़ादी के आन्दोलन में जिक्र न हुआ
तो क्या हुआ
जीवित है आज भी नानीवाली नहर

('वागर्थ', 1998, कोलकाता)

नमकवाली लाश

(नमक निकालने वाले मजदूर के नाम)

समुद्र के किनारे
धूप में चमकती
खेलती-कूदती गुजरती-गुजराती!
बर्फ-सी चादर पर
पीठ उघारे ढो रहे हैं नमक
नमक है, पति है, पत्नी है, बच्चे हैं
कोई खिलखिला रहा है
प्यार कर रहा है/कर रही है
45^0 के तापमान का पता नहीं उन्हें
फिर भी बर्फ-सी बहार लेते हुए
ब्रह्मा हैं वे सब
हाथों में पैरों में ज़ख्मों के बाद भी है मुस्कान
सुबह की किरण-सी
खून का थक्का है
इरादा पक्का है
कि लाश जलाने पर जलती नहीं है
सचमुच तुम हर मुँह का स्वाद हो
हर बात की चटकदार पंक्ति हो
हर चेहरे की चमकदार परत हो
हर उत्तेजना की आबदार आकाश हो
तुम नमक के बीच रहकर नमक मज़दूर नहीं हो सकते
तुम नमक-सा नमकीन भी नहीं
तुम नमक के रंग जैसे
शान्ति के प्रतीक हो!

('अक्षरपर्व', 2001, रायपुर)

सिंघा *

यह अमीर खुसरो की नाजुक उँगलियों से लिखी गयी
लोक कविताओं के धुन पर बज रहा है
मेरे मागध गंध में
सिंघा
करैल खेत में निकल आते हैं चूहे
मुसकोईल से चुहिया
गाँव की गोरी गा रही हैं गीत
माँओं-बहनों का है झुण्ड
पालकी पर सवार है दूल्हा
मैं टेकर के एक सीट से देख रहा हूँ
होठों की मुस्कान
हर बहार की खुशबू
पसीने से लथपथ बच्चों की बदबू
और लोग इकट्ठा हो रहे हैं...।
काजर लगाए सहबाला बार-बार
मौर पहनने को बेताब है
दूल्हा परिछावन को

चुरा गया है रतन
टप-टप टपक रहा है दूध
माँ बेटे को पालकी में जीवन का अंतिम अमृत पिला रही है
फूट गया है घड़े-सा आँसू
और गीतों के शोरगुल में डूब गया है लोक

---

*मगही क्षेत्र का प्राचीन वाद्य यंत्र

अब जाना है जन को
जानी है बारात
और निभानी है जिम्मेवारी परीक्षा के बाद
सिंघा मोर से बिछुड़ रहा है
और मोर सिंघा से

('माध्यम', 2001, इलाहाबाद)

नाखून पर निशान

किसने दिया
किसने दिया मेरे नाखून के पोर पर

ज़हर सा चलाया गया
तीर का कमान

मेरे नाखून पर दागे गए थे निशान
कालरात्रि
मोहरात्रि की तरह छा गए हैं मेरे समय
मेरे वजूद पर
मौसम मौन
बादल डरते हैं बरसते हुए
पहाड़ रो रहे हैं पुक्का फाड़कर
थर्राकर भाग रही हैं नदियाँ
रूहें काँप रही हैं—हमें क्या पता था
एक सरकार के बदलने से बदल जाएगा
यह सबकुछ
क्या करूँ मैं
क्या करूँ मैं कि समय खरगोश के बच्चे की तरह दूब की हरी घासों के बीच
कुलांचें भरता आए और सूरज बिना विराम के पूरी करे अपनी यात्रा
मन करता है
मन करता है निकालूँ कोई अदृश्य तलवार
और छील दूँ नाखून पर पसरा यह धब्बा
जो जोंक की तरह चिपक गया है
मेरे और
मेरे मुल्क की किस्मत पर!

('वागर्थ', 1998, कोलकाता)

डबवाली दिसम्बर, 95

(भीषण अग्निकाण्ड पर)

न जाने
कितने दुःख-दर्द से
किन-किन माताओं की कोख से
जन्मे होंगे नवजात डबवाली के...।
घर-घर में बजे होंगे
बाजे
दी गई होंगी बधाइयाँ
आज एक पल में
हाँ, एक पल में
नहीं रहा उनके जीवित होने का कोई सबूत
बच्चे
माँ की कठिन छातियों से चिपके
आग से
खौफनाक लपटों से लड़ती माताएँ
बचाओ...बचाओ
एक शब्द नहीं था सिर्फ
झुलस गई आनेवाली एक पीढ़ी...।

यासर अराफात क्रिसमस अच्छा नहीं लगता
बधाइयाँ मत दो नेल्सन मंडेला
मेधा पाटकर भूख हड़ताल रोक दो अपनी
मेरी रूह काँप रही है
मुझे याद आ रहा है चंडीगढ़, भटिंडा, लुधियाना

मलौर, रोहतक, हिसार और डबवाली
और लाशें...
सिर्फ जली हुई लाशें।

('वागर्थ', 1998, कोलकाता)

जहाँ ऐसे हैं

जब देखो तब निकालते हैं
पॉकेट से पर्स तक
हजार-हजार रुपये
और हम कविता देख रहे होते हैं
कचहरी की गली हो
या पोस्ट ऑफिस का दरवाजा
बैंक का बरामदा हो
या लॉकर ताला
जब देखो निकल जाते हैं
बहुत आसान तरीके से
मुलायम हाथों से
सोना-चाँदी हीरे-मोती
और हम कविता लिखते रहते हैं
प्लेटफार्म पर वे बच्चों को खिलाते हैं खाते हैं सेब
पिलाते हैं संतरा, कोका कोला, पेप्सी मि. देव
और हम कविता पर सोचते रहते हैं
लो! अभी-अभी कार से थकी उतरी हैं मैडम
तब तक एक काम करो रामू!
कि दो किलो किशमिश और एक किलो छुहाड़ा ले आओ
और पैसे फेर देना! हाँ-हाँ लौटा देना!
वे झट से 500 रुपये का नोट निकालती हैं
और हम कविता के लिए बेचैन रहते हैं
वे खाकर कागज में हाथ पोंछती हैं
और हम हाथ धोकर खाते हैं

हम कविता सुनते रहते हैं, पढ़ते रहते हैं
पढ़-पढ़कर सोते हैं खूब
और कविता नींद में भी आती है
और कविता और कविता के बीच
कुछ नहीं आती है

('इसबार', 1999, आरा)

कैदी के लिए जन्मी एक कविता

(बक्सर सेंट्रल जेल का दौरा करने के बाद)

तूफानी रात में
अनायास आँखों से आँसू गिरा
जैसे चाँद टप से गिरा हो
मेरे आँगन में
वहाँ एक कविता की जन्म हुई
और सूना आकाश गूँज उठा
मुझे याद आयीं
माँ-बहनें
प्रेमिकाएँ, धरती के सारे जीव
जो आपस में प्यार करते हैं
वो दिन याद आए
जिस समय गंगा के किनारे
एक कविता जन्म ले रही थी
दूर कहीं
एक माँ आँसू पोंछ रोटी पका रही थी
समय
एक कटे संतरे में परछाईं की तरह उतर रहा था
और दरवाजा
भाइयों, मित्रों की भीड़ के बीच बंद होने के इन्तजार में था
वहाँ कविता थी
कवि था
सिर्फ लिख जाने का कोई मतलब न था
जीवन इतना भरपूर था...।

('अभिनव कदम', 1990-2000, मऊ [उ.प्र.])

सामने-पीछे

(भारत की स्वतन्त्रता की पचासवीं वर्षगाँठ पर)

सामने समन्दर है
पीछे खाई
सामने चाँद है
पीछे कसाई
सामने सूरज है
पीछे सच्चाई
सामने सुन्दरी है
पीछे बेवाई
सामने चोर है
पीछे सफाई
सामने नेता है
पीछे ईसाई
सामने झोंपड़ी है
पीछे लड़ाई
सामने सौतन है
पीछे माई
सामने दुःख है
पीछे दवाई

('जनपथ', 1998, आरा)

खूनी रविवार*

धरती पर लिपटी धूप
आकाश में उड़ती धूल
क्या जानती थी कि हरे-भरे बाँसों को पीना पड़ेगा पानी के बदले खून
उसे क्या पता
कि ईंट की दीवारों के पीछे होठों की मुस्कान
इतनी खतरनाक हो सकती है
मौसम भी बेईमान लग रहा था
जहाँ मारे जा रहे थे मजूर
आखिर जो मारे जा रहे थे
चलाये जा रहे थे हथियार
वो भी किसी मजूर के लड़के थे
देश के ही बनाये हथियार थे
दुनिया, रिश्ता, माँ, बच्चा, परिश्रम पहुँच शब्द
ये सोर बोल थे उनके
प्याज के छिलके की तरह उभर रहा है विचार
नहीं रहा दुकान का उधार
लेकिन जो सन् 1905 में मारे गये
उनके आँसू, वाजिब गुस्सा माँओं के पेट में पल रहा है
अब कविता व अनंत ऊर्जा की जरूरत है
अब बहुत हो चुका रक्तपात

---

*रूसी इतिहास में वह दिन 'खूनी रविवार' के नाम से जाना जाता है जहाँ 20वीं शताब्दी के 9 जनवरी, 1905 ई. के सेंटपीट्रस में जार को प्रार्थना पत्र बीवी-बच्चों के साथ मज़दूर देने जा रहे थे। तब सैनिकों ने उन पर गोलियाँ चलायीं। जिसमें हज़ारों मज़दूर मारे गये बीवी-बच्चों के साथ।

अब सदी के अन्त में
खत्म कर लें ईर्ष्या, द्वेष
अगली सदी के स्वागत में...।

('अक्षरा', 2001, भोपाल)

शहर लौट रहे हैं सिपाही

(बाथे नरसंहार का दूसरा दिन)

चिड़ियों की चहचहाहट बन्द हो गयी है
कोयल की बोली मूक-सी
गाँव की आवाज़ गुम-सी
लाशें बिछी हैं सिर्फ लाशें नवजात की नव जवान की
बूढ़े की माँ-बाप की
बगीचे का आम अकेला है
फुलवारी के फूल उदास हैं
कंकड़-पत्थर की बारिश नहीं
गोलियों से दागे गये दीवार पर पहचान है
जैसे मेरे गले पर कटे का निशान है
रुको बहेलियो! तुम्हारे जाल टूट गए हैं
लाश से
जाल में पानी नहीं भरता अब प्यास से
रुको! रुको! पिशाचमोचन की जगह नहीं है
यहाँ रूहों की जगह है
यहाँ एक बच्चा सो रहा है
और एक बच्ची हँस रही है
नींद आ रही है
आने वाली है
घड़ा कच्चा है
कोख में बच्चा है
फूट जाएगी नदी यहीं कहीं
रुको सिपाहियो! तुम्हें भी अर्थी ढोनी है

सिर्फ नेताओं की नहीं
तुम्हें भी फर्ज अदा करनी है
सिर्फ सोने-चाँदी से नहीं
तुम्हें भी कर्ज लेनी है
सिर्फ खेत-खलिहान से नहीं
यहाँ तो संसद-सी भीड़ है
संसद की दीवार नहीं है
यहाँ तो प्रेसीडेंसियल गार्डन-सी नीड़ है
संसद का कानून नहीं है
फिर भी सुनो! सुनो! मत लौटो शहर
मत लौटो दोपहर...।

('समकालीन भारतीय साहित्य', 2000, नई दिल्ली)

पत्थर

घास और फूल से खेलता बच्चा
कलकल, छलछल पानी को छेड़ता बच्चा
स्तन का दूध पीता बच्चा
धीरे-धीरे
इस पत्थर की दुनिया में
पत्थर होता जा रहा है
दुःख पत्थर का
सुख पत्थर का
और गढ़ता जा रहा है
शबोरोज़ पत्थर का इतिहास
बालू के ढूह पर खड़ी है
मेरे देश की सबसे छोटी-सी बच्ची
सोच रही है
कि किस आलीशान बिल्डिंग में
नानी मिलेगी
उसे क्या पता
क्या पता
इस शहर होती दुनिया में
कि नानियाँ जिन्दा हैं अभी भी
घरों को पत्थर से गढ़ते हुए।

('हंस', फरवरी 2003, नई दिल्ली)

ग़र उनका बस चले तो

बेच देंगे
आसमान
सोख लेंगे
सागर
चुरा लेंगे
पहाड़
पी जायेंगे
नदियाँ
सिर्फ इसलिए
इसलिए कि उन्हें जड़ाने होंगे
अँगूठी में नग
घर में संगमरमर
चढ़ने को मेटीज, सेंट्रो और इण्डिका कार
और दामादों को देना होगा
बेटियों की ऊँचाई तक
नब्बे करोड़ का नगीना...।

('हंस', फरवरी 2003, नई दिल्ली)

वर्गीकरण

गंगा पार करते
बक्सर से बलिया
मेला जाते
मधुश्रवां से सिरपालपुर
होली मनाते
गाँव से शहर
यह वर्गीकरण का हिस्सा है
सरकार के प्रति गुस्सा है
कमाने जाते
पटना से पंजाब
दुलौर से दिल्ली
कौंरा से कोलकाता
भले ही
राज्य न माने
केन्द्र न सराहे
मैं तो शब्दों के बीच
दौड़ता हूँ
तड़पता हूँ
खेलता हूँ
प्यार करता हूँ
और वर्गीकरण के बारे में वर्गीकरण जानता हूँ।

('प्रेरणा' अंक 6-9, 2003, भोपाल)

राजधानी एक्सप्रेस

प्लेटफॉर्म पर राजधानी खड़ी है
खड़ी हैं उसमें कुछ लड़कियाँ
कुछ बैठे हैं सभ्य जन
मेरे सामने नीम रोशनी में चली जा रही है राजधानी
कुलाचें मारते खरगोश की तरह
और प्यारी-सी बच्ची हँस रही है उसमें
(शायद नाम नेहा है)
और कुछ पी रहे हैं जला रहे हैं
और कुछ जला रहे हैं पी रहे हैं
शराब, सिगार, सिगरेट
जैसे सिगार पर जला रहे हों कोई भूगोल
गिलासों में पी रहे हों कोई राष्ट्रीयता
गम्भीर मुद्रा में हैं लोग
जैसे देश की चिन्ता हो
चिन्ता जरूर उन्हें सुरक्षित पहुँचना
न कि देश को सुरक्षित पहुँचाना
दूसरे कम्पार्टमेंट में भी बैठे हैं
चुपचाप, गुमसुम लिए आस्था
जैसे बैठ गयी है देश की व्यवस्था
यह लो अभी-अभी बगल में शुरू है डिस्कशन
राजनीति की और पलभर में हो गयी बात
सेक्सुअल लौंडियों की
ठीक अभी-अभी बात थी
राष्ट्रपति की, प्रधानमंत्री की

यह लो चन्द सेकेण्ड में हो गयी बात
अभिनेत्रियों की नाभि की
फूलगोभी और टमाटर का जूस पी रहे हैं
थोड़ी देर रुका बैरा तो घूर रहे हैं
मानो उसे ही पी रहे हैं

('असुविधा', जन.-जून, 2000, सोनभद्र)

नदियों के लिए

एक

हमने एक चम्मच पानी दिया
एक-एक फूल
फूल दिया अन्तिम साँस में
किसने किसको दिया फूल
कब से मुँह बाये खड़ी होकर देख रही है चिड़िया
रात-दिन सेवारत है गौरैया
घर में जगह नहीं
साँझ को समय नहीं
सइयाँ को गंगा किनारे बसा दिया
यही का कम नहीं
जाना है बस जाना है
बस जाना है जाना है
गंगा किनार जाना है

दो

नीमिया की डाली पर
अटका मेरा टटका घर
जहाँ बहुत-सी औरतें गाती हैं गीत
और देवी स्थान के दरवाजे पर
खाँसते-खाँसते सो जाते हैं बूढ़े
लेकिन उन लड़कियों के बारे में क्या कहूँ

जो रहस्यात्मक ढंग से आतंकित हैं जवानी की दहलीज पर
और यमुना गंगा में मिल गयी है
और गंगा यमुना में फेंटा गयी है
वंदन करता हूँ सदियों से लेकर लू तक
जिनके वक्ष बहुत ही कठोर से कोमल हो गये हैं
अब नहीं ठहर सकता वहाँ नीम का एक भी सींक
या गाँव भर का ताप

तीन

और झगड़े शुरू हो गए
वन का झगड़ा शुरू नहीं हुआ
कि धरती का झगड़ा हो गया
अपने हिस्से का झगड़ा लालटेन बत्ती का झगड़ा
आसमान का झगड़ा नहीं हुआ कि समुद्र का बँटवारा
महासागर के अपने नाम महादेश का अपना नाम
अब पानी तो एक है नाम अनेक
पानी-पानी का झगड़ा, झगड़ा तमिल-कन्नड़ का भाषा-भाषी का
बोली तो एक है आवाज. अनेक हैं
यह राज को राज्य के लिए
तंत्र बचायेगा मंत्र नहीं।

('प्रगतिशील आकल्प', समकालीन कविता विशेषांक, 2002, मुम्बई)

कलमुँही बेटी

बस, कुछ नहीं था
सिवाय प्यार के उसके पास
इतनी नाजुक भी नहीं थी
जो प्यार से छूने पर तड़ से टूट जाए
उसके पास आँखें थीं
जो ऐश्वर्या राय को चिढ़ा रही थी
सिर्फ उसके पास मंच नहीं था
ना कोई समारोह

उसके पास एक अदा थी
जो शहर की लड़कियों के पास नहीं थी
अपने माँ-बाप की कलमुँही बेटी थी
लेकिन दुनिया की माउण्ट ऐवरेस्ट थी
उसे किसी पर गर्व नहीं था
सिवाय अपनी उँगलियों के
जो दुनिया को नचा देती थी
इशारों ही इशारों में
उसके पास कला थी
जो सभी के पास नहीं थी

('वंशिकालय', सित.-अक्टू. 2002, गाजियाबाद)

जन्मपत्री

हँसनेवालों की जन्मपत्री
रोनेवालों की होती है
रोनेवालों की जन्मपत्री हँसनेवालों की होती है
दरअसल यह किसी की पत्री नहीं होती
यह एक उसी प्रकार का तमाशा है
जो पैसों की तरह जमा रहता है
और जरूरत पड़ने पर इस्तेमाल

विश्वास करें साहब!
कम्प्यूटर के जमाने में इसकी कमी नहीं है
जितना कि आज साहित्य में आलोचक की कमी है

ओहदे पर बरकरार है तलवार की धार
जन्मपत्री में लिखा है

उसी दिन हँस लो भरपेट
जन्म दिन है
सोच लो सट-सट...के

(वंशिकालय', सित.-अक्टू. 2002, गाजियाबाद)

पीपलवाला पानी

इस सुबह मुर्गों की
कल शाम गाय की
परसों किसी बच्चे की आवाज़ नहीं आयी
जहाँ पीपल था
वहाँ पानी था
आज हवा कम चली है
कल ठंडक ग़ायब थी
परसों गर्मी काफी थी
अचानक पानी सूख गया

हवा गर्म हो गयी
रिश्ते-नाते खत्म हो चले
खुशी खो गयी
आत्मा की आवाज़ गायब है
ढूँढ़ लो मुझे
ऐसे समय में कौन कहाँ है
रहने दो मुझे बच्चों की मुस्कान के पास

('वंशिकालय', सित.-अक्टू. 2002, गाजियाबाद)

पन्नों के प्रदेश में

सोचने का समय नहीं है
खूब डुबकी लगा के सो जाने का समय है
यह किताबों में नहीं है
सूफी संतों की वाणी में नहीं है
सूरदास ने इसे नहीं गाया है
पन्नों के प्रदेश में अति सुन्दर आकाश है
जो सच की तरह हाज़िर है
जिसने तमाम गालियों, हिंसाओं एवं गोलियों को दबा रखा है
हजार-हजार प्रतिरोधों के बावजूद
मैं नहीं जाना चाहता ऐसे पन्नों के प्रदेश में
कि अचानक फूट पड़े ज्वालामुखी

मैं पत्थर रहना अच्छा समझता हूँ
बजाय उनके फूलों की मुस्कान के बीच
खून के फव्वारे रोज फूटते हों...।

('वंशिकालय', सित.-अक्टू. 2002, गाजियाबाद)

दस हजार का नग

यह सब आपका ही तो है
सारा आकाश
शुद्ध हवाएँ
विशुद्ध जल

सब आपका ही तो है
सुन्दर महल
खूबसूरत फैसला
समुद्र का किनारा

आपका ही तो है
खुशी के आँसू
होठों पे हँसी
जापानी खुशी

...ही तो है
हरियाली भरा गार्डन
मखमली बिछावन
दस हजार का नग

...तो है
आपका हिसाब-किताब
कुख्यात अपराधी
आपका रखैल

...है
नहीं है वो गुस्सा जो मेरे पास है
छोटी-सी खुशी, छोटी-सी दुनिया
गाय का थन
झूम मारती गेहूँ की बालियाँ
यहाँ पे सब शान्ति-शान्ति है...।

('वसुधा' 56-57, 2003, भोपाल)

रहने दो

तो यह सर्द हवा
ठंडी रात फुलवारी की
जहाँ लगा बैठे थे बाबा
ऋतुमंगल पुष्प का पौधा
रहने दो उन हवाओं के पास
सुदूर आती गूँज आज़ान की
कतारें मौलवी-मुसलमान की
रहने दो उन वादियों में
जहाँ चिड़ियों की चहचहाहट
और निविड़ अन्धकार में सुनाई दे रही है झिंगुर की आवाज़
मातम मनाने से ऊब चुका हूँ
डूब चुका हूँ पड़ोस की बेईमानी से
छुप गया हूँ हजार-हजार प्रतिरोध के बीच
बचा रखा है उँगलियों को दिखाने के लिए भीड़ में
कि देख तो जवाब देंगी ऐसी उंगलियाँ
और तुम चारों चिताने चित
अब आराम करना चाहता हूँ
थोड़ा सुस्ता लेने दो
थूक लेने दो आतताइयों पर
जहाँ महानायक का सिंहासन है
अभी रहने दो बच्चों के पास...।

('वसुधा' 56-57, 2003, भोपाल)

अतीत

मैंने मध्य प्रदेश से नहीं लाये
भूतकाल से भी नहीं
न ही महाभारत से
इतिहास से तो बिलकुल नहीं
यह चुम्बन का हथियार है
जो गर्म कर रहा है
प्रदेशों को
मैंने पश्चिमी छोर नहीं अपनाया
हाथ में बची है डोर
मोर को जंगल में देखा बहन जी
कृपया घूघ ताने ताबड़तोड़।

('वसुधा' 56-57, जन.-जून 2003, भोपाल)

कपूर की तरह

मैं उड़ जाऊँगा
पक्षी की तरह
डूब जाऊँगा
बत्तख-सा
सोने-चाँदी का चादर बना
आसमान को ढँक दूँगा
अवध मगध का सरहद पार कर
कपूर की तरह छू मंतर हो जाऊँगा
मैं मर जाऊँगा
गन्दी खराब गलत-सलत कविताओं की तरह
आलोचको! सावधान!
विश्राम!

('वसुधा' 56-57, जन.-जून 2003, भोपाल)

विषदंत

एक सदी से दूसरी सदी की यात्रा चलती रहेगी
लोग जन्म लेंगे मरेंगे
अपनी सिन्दूरी लालिमा के साथ
झकाझक सूरज उगेगा
पूरब के ललाट पर
और पश्चिम के समुद्र में डूब जाएगा
आँसू की धार फूटेगी
और घृणा के घर में दिराखे पर
खड़ा हो जाएगा प्रेम
मति मारी जाएगी प्रधानमंत्री की
न्यायाधीशों की कुर्सियों के पाये आपस में लड़ेंगे
और लोग
जब अकेला कर दिए जाएँगे
इतिहास के हाशिये पर जन्म लेगी
जीवित रहने की ललक
प्रेम अधूरा नहीं होता
न ही प्रीति
एक सदी के आखिरी छोर पर खड़े हैं हम सब
आओ खत्म कर लें दंश अपने
अभिशप्त जीवन के
आओ तोड़ डालें सारे
विषदंत...।

('छपते-छपते'-1999, कोलकाता)

आती है नींद जब

लोगा परेशान हैं
संसार का सर्वोत्तम संकट है
खलनायक के मुँह में पान है
देश के देह पर दाग है
आती है नींद जब
खुशी की सही पहचान है!

('कथ्य रूप', 2001, इलाहाबाद)

काई

जिसका रंग हमेशा
सुग्गापंखी रहा
लाल, उजला, काला से नहीं डरा
बेहद निडर ढंग से
हर घर में है
कल पर ज्यादा
कुएँ पर कम

('समरलोक', 2000, भोपाल)

सत्य को बचाने के लिए

सच
सत्य को बचाने के लिए
कितने सच टाँग दिए जाते हैं
रेंगनी पर
जैसे सग्रहालयों में टँगे होते हैं
कई चेहरे
कई पहाड़
कई यादें
कई दरार
ठीक उसी तरह
जिस तरह दिन
रात को टाँग देता है
आगे-आगे
रात-दिन को टाँक देती है
पीछे-पीछे
हम कहाँ टँगते हैं उनमें
हम कहाँ टँकते हैं उनमें
शायद किसी की गोद में
या किसी छोर पर
जहाँ सत्य हर पिछली रात को गुजरता है
रोज़-रोज़ दिन होने से पहले
हमारी आवाज़ की तरह
बरसात की तरह

('आरयायिनी', 1998, नई दिल्ली)

इंडिया के युर्त्त

हाय! ये कैसे हैं लोग
नन्हा बालक बोला
नन्ही जुबान से गम्भीर बात
बालक ने नापा अपना शरीर
और परिवार का स्तर
अन्तर दिखा
फिर बालक बोला
क्योंकि प्रश्न मन में बुलबुले की तरह उठ रहे थे बार-बार!
पापा! इनकी जिन्दगी को हमलोगों से दूर क्यों रखा जाता है
देखिए न पापा!
वो मेरे दोस्त की तरह दिखता है
मैं जा रहा हूँ खेलने उसके साथ
देखिए! देखिए!
वो मम्मी की तरह है
सिर्फ नाक पर चश्मा नहीं है
नहीं बेटे ये इंडिया के युर्त्त हैं
यानी खानाबदोश बंजारे
तो क्या हुआ पापा?
पापा! मैं मानता हूँ
टी.वी., सोफे, पंखे नहीं होंगे
लेकिन जरूर होंगे अंडे
दादी माँ की तरह डंडे
जवाब-तलब से हैरान हो गए पापा
लेकिन बेटे की परेशानी बनी रही

नींद नहीं आयी उसे रातभर
बेटे का समाजवाद का दिमाग फेर देने की कोशिश की गयी—दिनभर!
लेकिन बेटा हो चुका था
इंडिया के युत्त

('सार्थक संवाद', 1998, वाराणसी)

उन आँखों में

खिड़की की दीवारों से सटकर
एक पल एक क्षण धीरे-धीरे देखना
उन आँखों को सुकून मिलता है

सामने दीवार पर अकड़ी भुजाएँ
चन्द लम्हों का अहसास कराती हैं
जो कभी माँ बन सूई के धागों में बँधी रहती हैं
थकी रहती हैं
कभी वो नुपूर ध्वनि सुन तेजाबी निगाहों से निहारती हैं

जहाँ तोता भी होता है
मैना भी होती है
रंक भी होता है
रानी भी होती है
राजा भी होता है

मित्रो! वो कहाँ-कहाँ होता है
जिसकी दुनियाँ न पृथ्वी पर है
न आकाश में है
न जंगल में है न पानी में है
जिसे हमें पता नहीं है

('समरलोक', 2000, भोपाल)

दाग और दूब

जो हमारे शब्दों से बाहर हैं
वे भी शब्द के पुजारी बनते हैं
जबकि शब्द किसी सुराही में बंद नहीं है
न कभी इतिहास में
न कभी परिहास में
शब्द कहीं दाग है
कहीं दूब
जो उग आती है पत्थर पर भी
या माँ के सिलौट के पास
शब्द अमृत की प्रार्थना भी है
विष का सोपान भी
तुम सब हथियार से लड़ो
लड़ो केमिकल मिसाइल से
खेलो बारूदी गंध में
हम तो शब्दों से लड़ते हैं
शब्दों से खेलते हैं
जैसे दूब के ऊपर खेलता है बच्चा
फुटबाल से
जैसे घर में कभी-कभी खेलता है बच्चा
पिस्तौल से...।

('जनसंसार', 2001, कोलकाता)

शहर, शरबत और सास

शहर
जो बंद गली के
एक कोने से शुरू होता है
और यकायक इतना खुलता है
कि दुनिया एक शहर में आ जाती है
शरबत
जिसने शहर को छोड़ दिया
पेप्सी, फेंटा, कोक को देखकर
रूह रास्ते में अटकी-सी
बेचैन-सी
वो गाँव से भी दूर हो रहा है यह (शरबत)
यह गाँव और शहर के बीच
रस्सी पर नाच रहा है
सास
जिसकी आँच अब घर में नहीं रह पा रही है
उनका कहना मात्र कहना रह गया है
शहर में बहना रह गया है
गाँव में सहना रह गया है
ऐसे समय में
शहर, शरबत और सास
साँस गिन रही हैं

('समरलोक', 2000, भोपाल)

नहीं भी एक सच है

दिसम्बर, 97 की एक रात में सो रही बुढ़िया
दुनिया की चिन्ता से मुक्त थी
लेकिन यह सच नहीं था
बल्कि अस्पताल के सामने ठिठुरते हुए दे दी थी
अपना लूँगा दूसरे को
मरने से चन्द सेकेण्ड पहले
अखबार में इस छोटी-सी बात की कोई चर्चा नहीं थी
उस रात एक मंत्री का आना हर अखबार के एक कोने में
मौजूद समाचार कि कल शहर में कम्बल बँटेगा

दिसम्बर, 98 की एक रात में
ठीक उसी दिन उसी जगह बुढ़िया का बूढ़ा मरा था
और उसने ठीक बुढ़िया की तरह धोती उतारकर
चन्द सेकेण्ड पहले दूसरे को दिया था
और दो मंत्रियों का आगमन शहर में आग की तरह था

दिसम्बर, 99 की एक रात में
ठीक उसी दिन उसी जगह
ठीक उसी तरह बुढ़िया का बेटा मरा
मित्रो!
यह एक संयोग रहा कि ऐसा होता रहा
और दो-तीन पीढ़ियाँ मर गईं

दिसम्बर, 2000 की वही रात
माँओं की चीख के बीच
जहाँ रोज नवजात पृथ्वी पर पड़े हैं
दादियों के सोहर
मंगल गीतों के बीच मर रहे हैं
यह सब सच है
नहीं कहना भी एक सच है

('हिन्दुस्तान', 18 नवम्बर, 2000, पटना)

ज़हर खाती हुई लड़कियाँ

नहीं जानतीं वे
कि एक हादसा
कई हादसा के बराबर होता है
एक लड़की का मर जाना
सिर्फ एक लड़की नहीं होती
कई लड़कियाँ मर जाती हैं साथ-साथ
पिता के पापों से मुक्त होतीं
भाइयों के असुरक्षा से पनाह लेती
वे बाजार में तय होने से पहले इज्जत-आबरू की दवा
'ज़हर' खा लेती हैं

एक जीव का मर जाना आसान नहीं होता
एक शीशी ज़हर खाना आसान नहीं होता
एक जीव के साथ करोड़ों जीव मर जाते हैं
एक शीशी का ज़हर शरीर में फैल जाता है
दरअसल एक शरीर में नहीं फैलता
एक मुल्क, एक दुनिया, एक खुशी में (ज़हर) फैल जाता है
और उसकी दुनिया के दुःख सुख समाप्त हो जाते हैं
मेरे सामने जो आज लाश पड़ी है
वो किसी से पहले बिकी हुई नहीं थी
यह आरा शहर के एक कोने में पावरगंज मुहल्ले में
रात के बारह बजे जिद के कारण सोयी हुई लड़की
नींद का सुख भोगने में लगी थी

यहाँ बारिश तो छूटने का नाम नहीं ले रही है
झमाझम बारिश हो रही है
लेकिन ज़हर की बारिश हो रही है
सिर्फ आरा शहर की बारिश नहीं है
दुनिया के उन तमाम घरों की बारिश है
जहाँ लड़कियाँ जवान हो गयी हैं
पता नहीं घटा कब छँटेगी
कि छोटी के पिता आएँ और कलेजे से लगाकर एक और बारिश करें

लड़कियाँ माँ से कम
पिता से ज्यादा बोलती हैं
सखी से ज्यादा खुलती हैं
वे घर की दरवाजा होती हैं जो खुलती हैं बंद होती हैं अपने-अपने हिसाब से
और अपने-अपने हिसाब से ज़हर खाती हैं
यह कविता सिर्फ कुँवारी लड़कियों के लिए नहीं है
बल्कि उन तमाम कोख से पैदा हुई
और जवान हो शादी ब्याही गईं
और खाना के जगह ज़हर ले लीं
वो सास को सास नहीं बना सकीं
सास को माँ बिल्कुल नहीं
या जो बनाने की कोशिश की
वो माचिस की तीली से प्यार करलीं

मरती हुई लड़कियाँ रोती नहीं हैं
लाल रंग का सलवार पहनती हैं
मरने का सुख भोगती हैं
और मरने के बाद भी नहीं लगता कि लड़की मर गई
आँखें उनकी आँखों पर टिकी रहती हैं
कि कब उठ माँ से लिपटकर कह देगी—
माँ! मुझे पानी देना।

लड़कियाँ पानी के सिवाय कुछ नहीं माँगतीं
वो पानी से खेलती हैं और खेलते-खेलते डूबो दी जाती हैं
या बिल्डिंग से धकेल दी जाती हैं
लड़कियों का बचपन फटी हुई कच्छी से शुरू होता है
और जवान होते-होते
या तो उनकी कच्छियाँ फाड़ दी जाती हैं
या खून से लथपथ
मुझे याद आ रही है मेरी छोटी-सी बच्ची
जो नंगे होकर दौड़ते-दौड़ते गोद में थसक (बैठ) जाती है
और पापा-पापा कह मुन्ने की बात सुनाती है

दरअसल लड़कियों को बचपन से ही अपने बारे में ख्याल नहीं रहता
सवाल नहीं होता
उन्हें लड़की होने का एहसास करवाया जाता है
घर में नहीं तो पड़ोस में जरूर
बाज़ार में नहीं तो स्कूल में
या वेश्यालय में
आखिर लड़कियाँ कहाँ जाएँ
जो इस पृथ्वी को सुन्दर बनाने में
अहम भूमिका निभाती हैं।

(समकालीन भारतीय साहित्य, नई दिल्ली)

गुल्लक

बच्चों की नींद के बीच सूरज-सा है
थोड़ी आकृति प्रकृति से मिलती है
अब यह बच्चों का खज़ाना नहीं रहा
खज़ाना के जगह पर आई.एम.एफ. बैठ गया है
देश और राज्य बैठ गया है
मंत्री और नेता बैठ गए हैं
अब गया वो दिन जब पापा देते थे दस पैसे बीस पैसे
और बड़ी खुशी से डाल देते थे
अब न पापा के पास उतने पैसे रहे
न मम्मी के पास चोरिका
जेब खर्च के लिए मोहताज हैं बच्चे
मैं नहीं जानता था
कि गुल्लक की स्वतन्त्रता छिन जाएगी
इसकी व्यवस्था बैठ जाएगी
यह तो हर घर में था
जिसे बच्चे खिलौने भी समझते थे
कभी बहनों की चूड़ियाँ खरीदने में काम आता था
या भाभी के नइहर जाने में आरा से पीरो
गुल्लक का जगह उदास है
बच्चे थोड़ा हताश हैं
लेकिन गुल्लक आज भी बिकता है
बाजार में, मेला में...।

अन्दाज खिलौनों का

यह खिलौना बचपन का है
माँ ने सहेज कर रखा था
किसलिए
आज के समय पर विचार करने के लिए
इस प्रदेश के राजा को दिखाने के लिए
राक्षस को लुभाने के लिए
नहीं-नहीं
पुराने खिलौनों में भी बाज़ार का तंत्र है
ऋषि का मंत्र है
कैसे छिपाऊँ कैसे बताऊँ दोस्तों को
जिसने बचपन से आजतक साथ देता आया
खिलौनों का अन्दाज़ अपना है
उसके अन्दर बैठा दुरात्मा महात्मा बनता है
यह बताओ माँ कौन खिलौना तुम्हें ज्यादा तंग किया
कौन सी आवाज कानों में दर्द दी
जानना चाहता हूँ हजार-हजार दूरी पर बैठा गुस्सा को
इस्तेमाल करना चाहता हूँ
राजा के खिलाफ
खिलौनों के आवाज़ के विरुद्ध (वह गुस्सा)
जिसने तुम्हें सताया रात-दिन
जाने दो अब गुस्सा भरा आँचल को गार दो
राजा मर गया
पर एक बात है
नया राजा जन्म ले रहा है
खिलौनों के साथ...।

खेसारी का फूल

बारात से लौटते हुए
पिंजरोई और रामासाढ़ के इलाके में देखा
गूँथाया हुआ खेसारी का फूल
दरअसल पैरों से रगड़ने के बाद भी नहीं टूटा एक भी शाखा
देखने में तो बहुत छोटी नीले रंग का
जिसे आसमान या सागर भी शरमा जाए
मामा के घर से लौटते हुए पहली बार देखा
कि घसगढ़ीन गुलाब के बदले चरवाहे को खेसारी का
फूल दे-ले रही हैं, यकीन नहीं होता
किसने बनाया था प्रेमिका के लिए गुलाब
और कैसे घुँस गया जीवन में खेसारी का फूल
बहुत बाद में पता चला
कि मामी बाघार में दी थी
मामा को खेसारी का फूल

छोटी खुशियों में शामिल
यह छोटा-सा फूल
छोटा जीवन का आधार
जिसे मिला टिकाऊ प्यार...।

शील आदि विद्यादि

तू सोई सेज पे
केश लटकाए जोगन
तू रोयी वेष पे
नख रँगती यौवन
तू हँसी देह पे
खग की भाषा सौतन
तू पी ली मदिरा
नशा छा गयी बांझन
तू गायी गीत मित्र
नयना ढरके आँगन

जो नारी सोई पुरुष

फाल्गुन कृष्ण अष्टमी
विक्रम संवत् याद नहीं
क्लब पर की छाया चेहरे पर आ रही थी
जितना पैर काँप रहा था उतना होठ
जितने रोंये खड़े थे उतने विचार
करवट बदल-बदल किया विहान
नहीं आए
कल आएँगे
समझाते हुए मुलायम हाथों से स्पर्श करते हुए
एक चीख के साथ
यह सभा दो व्यक्तियों के बीच की है
यह शो दो आत्माओं के मिलन का है
इतनी देर लगा दी निर्दयी कहीं का
मैं तन्हा मारी जा रही थी
लो यह फूल का टुकड़ा आधा गाँव की गोरी के लिए
और आधा शहर में बैठी परी के लिए
देखो पुरुषार्थी!
मैं परी नहीं कि तड़ से टूट जाऊँगी
    जड़ें बहुत मजबूत
देखो डार्लिंग!
मैं गोरी नहीं कि तुममें खो जाऊँगी
यह क्षण तुम्हारे वजन इतना स्वर्ण...।

महावत*

जंगल के प्रदेश में जा रहा है महावत
नदी, तालाब, चिड़ियों और पहाड़ों से गुजर रहा है
महावत फल-फूल, कन्दमूल देखते हुए आ रहा है
उसका आना-जाना हर सड़क, गाँव की गली में अच्छा लगता है
सिर्फ अच्छा नहीं लगता जब हाथी को छूने से रोक देता है वह
वह हाथियों का बादशाह होता है
महावत का जीवनयापन कैसा होता है कोई नहीं सोचता
दरअसल महावत महान राजा होता है
हाथी पर बैठा महावत जाता रहता है
और कुत्ते भौंकते रहते हैं
आज पर्व है कल त्योहार आना है बार-बार
कल राजा नेपाल के आ रहे हैं परसों महारानी ब्रिटेन की
तैयारी में जा रहा है महावत
पैसे कितने मिले दो-चार, छः-आठ, दस-बारह
उसका न इतना बड़ा पेट है और न हाथी जितना चेट है
बस इस दुनिया का पहला और अन्तिम राजा है
जो सबकुछ सहकर कम में बसकर गम में रहकर हँसता है
महावत जहाँ-जहाँ से मुट्ठी में मिट्टी लेता है
वहाँ-वहाँ लोगों के पास चिट्ठी छोड़ता है
लेकिन महावत के यहाँ कोई जाता तक नहीं ऐसी प्रजा का राजा है
सिर्फ हाथी संग जाता है
मैं बचपन में चढ़ा था एक बार महावत के साथ
वह खुशी से सूँड़ की तरफ से उतरा था
आज का राजा पूँछ की तरफ से चढ़ता है
पूँछ की तरफ से उतरता है
फिर भी पूँछ में हो रही गोलीबारी को नहीं रोकता है।

---

*हाथी हाँकनेवाला।

रात की गंगा

खन खन खन खन खन
बजती हैं चूड़ियाँ हरदम
सन सन सन सन सन
हवाएँ बुलाती हैं कम
टन टन टन टन टन
खूँटे में बँधी गाय लेती है दम
चन चन चन चन चन
शीशा टूटा घड़ा फूटा हुआ गम
झन झन झन झन झन
रात में गंगा बजायी थाली संग

हकदार

उनकी जो हसरतें हैं
खमियाजा भुगतते हैं
नाचीज को मालूम नहीं
दरवाज़ा ढूँढ़ते हैं
उस आइने में क्या है
चेहरा चुनते हैं
वे खाइशों के हक़दार हैं
समुद्र उफनते हैं
कमजोरियाँ समझा करते हैं
दिल सुबकते हैं
काबिल सी दुनिया में लौ जलते हैं
रब सँभलते हैं
पत्थर पानी आकाश रहते हैं
तूफान हर तूफान सहते हैं

मामला

दम है खम है जान है
मामला हर तूफान है
सब्र है कब्र है कद्र है
शै पे मरना भद्र है
एक सिक्का दो सिक्का सिक्का है
हर घर को जोड़नेवाला मक्का है
दिलो दीवार का दौर है
हर घर में कौर है
शर्मो हयात गमे दिल पे असर है
हर तूफां आनेवाला बेअसर है
रूप सुहाना मन मस्ताना का आलम है
सजनी घर नहीं बीमार बालम है

धरती के रंगीन कलश

नहीं चाहिए मुझे गंगा सागर
मुझे दूध की धार नहीं चाहिए
जीने के लिए हवा चाहिए
जितना कि जेल में सूत काटते वक्त
धागा को मिलती है
जिसमें बसते कीटाणु
सौतेली माँ का प्यार नहीं चाहिए
और न उतनी ऊँची आवाज़
स्वप्नलोक की लक्ष्मी नहीं चाहिए
और लुभानेवाली परी
हमें इन्द्र का सिंहासन नहीं चाहिए
कभी भी घायल चिड़ियाँ नहीं चाहिए
खिड़की पर बैठा पृथ्वी का दुःख
धरती के रंगीन कलश पर दाग नहीं चाहिए
और नहीं चाहिए जहानाबादी माँओं के आँचल में
उसके बेटे का कलेजा
कोई सेना नहीं चाहिए...।

धूप में सूख रहा है खेत

यह जो समय है
खेतों में फसल कट जाने पर बीया डालने का समय आ गया है
श्रीपति डाल रहे हैं खेतों में आलू का बीजड़ा
बाकी खेत बिन फसल के जैसे वस्त्रहीन देह
कुदाल चला रहे हैं बाबूजी
कि छटककर लग गया पैर पर
खबर मिली
आज फिर किसानों ने की है आत्महत्या
दिवाल पर टँगी अँगोछी पैरों में बाँधे
नहर के मुहाने पर जा रहे हैं पानी खोलने
कि सरकारी खबर है
पानी पी रहे हैं पटना में विदेशी
दिया जा रहा है सत्तू पोलथीन में
अब खेतों में चूहे नहीं हैं
अब नहीं है नमी
दिल्ली में किसी चीज़ की नहीं है कमी
यह जो समय है
धूप में सूख रहा है खेत
और बाढ़ में पट रहा है घर
रोने-धोने का समय नहीं है

खुशी के बारे में

मैं हड़बड़ाकर घर में प्रवेश किया
घड़ी चल रही थी तेजी से
और माँ हाँक रही थी ठीक उसी तरह
पत्नी जल्दी-जल्दी पका रही थी
पिता अँगोछा से बाँध रहे थे माथा
बेटा पहन चुका था चप्पल
बेटी की आँखों में बाकी था...
बेतरतीब सामान सज चुका था
मेरा माथा ठनक रहा था
आखिर में पता चला कि बक्सा मिल गया है
सभी खुश रात-दिन मिलाकर एक खुशी
जैसे एक साल की एक खुशी
और उधर सड़क के पार जैसे खुशी ही खुशी
उधर फूल चढ़ा रहे थे विधायक
जिसने मेरे घर से बक्सा चुरा रखा था
उसमें जीवन से जुड़ी किताबें थीं
बेटा का मोजा बेटी का बाला
माँ का सिन्होरा पिता की गंजी पत्नी की चाभी
बेचारे को क्या पता
इत्ती-सी खुशी के बारे में

डायरी की याद में : फागुन, 84

जब मुझे ठीक-ठीक याद भी नहीं होता था
तब मैं डायरी लिखा करता था
उस समय की याद अबोध पीड़ा की याद
माँ की पीड़ा की याद दर्ज है डायरी में
नौकरी लगने की खुशी पिता की
माँ की आँखों में समन्दर
फागुन की साड़ी में दुल्हन-सी
बस मत पूछो यार
बहुत इकट्ठे हो गये थे जेब में
बहुत सारे सिक्के
तभी सुनाती थी वो किस्से
एक रात मुझे नींद खूब आयी
दो रात मुझे नींद खूब आयी
थोड़ा बेचकर सोने की याद आयी
और पिता ने नौकरी से हाथ बढ़ाकर
उठाया नींद से
बेटे! उठो तुम्हें भी नौकरी करनी है एक दिन...।

('युद्धरत आम आदमी', जुला.-सित., 2004, अंक-72, नई दिल्ली)

बौरहत*

चिड़िया किसको रक्षा बाँधेगी
किसको लगायेगी रोड़ी-चन्दन
शंख कौन फूँकेगा
घोंसला की रक्षा कौन करेगा
बरामदे में चू रही है बारिश
कोठिला चावल का निकाल लेगी सेर भर
लाल-पीला खातिर
अब नहीं आ रहा है
बौरहत
अब नहीं जा रहा है नाई
इसलिए शादी में हो रही है कठिनाई
यहाँ कोई नहीं है माँ
बस चिड़िया है
और चिड़िया की चतुराई
बाज़ार में बिक रही है
सिर्फ दवाई...।

---

*बहू-बेटियों के यहाँ किसी खास मौके या पर्व-त्योहारों के अवसर पर भेजे जाने वाले मिठाई-कपड़ा आदि उपहारों को।

परिप्रेक्ष्य में

(अपने स्कूल में सबसे छोटी बच्ची के लिए)

उसकी आँखों में एक साल की बारिश है
पाँच साल की खुशी
गणना नहीं करना चाहता
उसका गुमान आसमान-सा
इक इंच मुस्कान उसकी आकाश को छोटा बना देती है
अब सयानी होती जा रही है
बातें करती जा रही है
दोस्ती नहीं
मस्ती में बोलती है सस्ती नहीं
आखिर क्या है जीवन का एक दोस्त मिली हमें
बड़ा होने की कोशिश में, वह बहुत छोटी है
दिल से भोली है
चाहता हूँ अकेले में बात करें
चाहता हूँ वो क्लास में टॉप करे
मेरे क्लास में कुछ नहीं बोलती
गूँगी गुड़िया-सी रहती है
उसकी आँखों में बोली है
वो माँगती है मुझसे बहुत छोटी-सी चीज़
उसे एक पृथ्वी माँगनी चाहिए
एक चाँद पहाड़ का पानी
स्कूल में प्रवेश करते समय
पहला सेकण्ड हैण्ड उसी ने किया था
मुस्कान के साथ और बोली–
चले एक तो सुन्दर शिक्षक आए।

माँ के साथ

बस हर बात में रोती है माँ
और दुलारती है कलेजे से सटाकर
मजाक मुझसे भी करती है
और हँसती तो फूटते हैं झरने
माँ के पास कुछ नहीं है
सिवाय प्यार के
मेरी हर जिध पर गाती है गीत
मेरे हर ख्वाइश पर भीगती है उसकी पलकें
मैं चिढ़ता हूँ
और चिढ़ता हूँ तो मुझे एकटक ताकती
और बैठा लेती है गोद में
और हर बार जीतने की कोशिश में
माँ जीतते हार जाती है लगभग अभी भी
प्यार खातिर

एकै आखर प्रेम का

ट्रेन से यात्रा करते हुए
अचानक विस्फोट
सोते समय
अचानक भूकम्प
सोचते-सोचते समय में
अचान्नक शोक
हँसते समय
अचानक प्रेम
अद्‌भुत दुनिया
दुनिया अद्‌भुत

ब्रा में हाथ

दुनिया एक खेत है
और उस खेत में पड़े किसान पेड़ हैं
वे जो ब्रा में हाथ डाले चलाते हैं शासन
वहाँ जलते हैं किसान के सुन्दर कलेजे
हत्या हो रही है
हर दिन हत्या एक उत्सव-सा
लेकिन कंधे पर रखे कुदाल से हत्या नहीं हो रही
बल्कि दो जाँघों के बीच बैठे
कैंची से काटी जा रही हैं नसें
जैसे धान के गाभ कुतरे जा रहे हैं
किसान कठघरे में है
इसलिए वे छिट नहीं पा रहे हैं बीज
दरअसल प्रतिदिन पाँच सितारा में छिड़के जा रहे हैं बीज
और वहाँ छहल रही हैं मछलियाँ
मैं उस एकांत संसद को भंग कर रहा हूँ
जहाँ ऐसे में होती है आत्महत्या
तो पृथ्वी का एक सेकण्ड निकल जाता है
दीवाल पर बैठी चिड़िया रो रही है
तार पर बैठी चिड़िया हँस रही है
यह इतिहास में दर्ज नहीं है
या भारत के आन्दोलन की पृष्ठभूमि में
लेकिन हर दिन लिखा रहा है—'आत्महत्या'

पाम्ही

वसंत की तरह
बच्चों में फूट आया है कुछ
बच्चे बेखबर
कुछ डरे से
कुछ खुशी से जवान हो रहे हैं
यह किसकी देन है पता नहीं
यह किसकी भेंट है पता नहीं
लेकिन मन में उमंग है
उत्तेजना है
उन्हें सहेजना है
पाम्ही जैसे
एक बछड़े का जन्म
एक शाखा से निकलता कोपल
या प्रतिदिन सूरज का सुबह
इस चाँदनी रात में
बालक सोच रहा है गाल पे उँगलियाँ लिए
जीवन के संघर्ष में शामिल होगा पाम्ही
यही तो दौर है
यही ठौर है यहाँ कभी-कभी मिलता कौर है
न जाने कितने हजारों लोग
शामिल होते हैं सेना में पाम्हीवाले
जैसे बैल के माथे पे उग आते हैं
सींग नया-नया...।

अरवल से अलवर तक

मेहंदिया बस स्टॉप से
बलिदाद होते अरवल पहुँचा
यह तो गाँव की एक गाँव तक यात्रा थी
जिस तरह एक बच्चे की मात्रा थी
इस मात्रा और यात्रा में
और अरवल और अलवर में
एक लम्बे वाक्य की छोटी इकाई
कितना फेर बदल कर सकती है दुनिया की
तब जाना
जब हिरोशिमा पर परमाणु बम गिरा
अफगानिस्तान में, इराक में कई प्रयोग हुए
भले ही उद्देश्य कुछ और था
लेकिन कितना आश्चर्य लगता है
जब इस बड़ी-सी पृथ्वी को चींटी भी छेद कर सकती है
आसानीपूर्वक सुरंग बनाकर
एक बड़ी कविता की ताकत को
छोटी-सी कविता ध्वस्त करती है
तब कितना हलचल होता है जीवन में
मैं उन छोटे-छोटे पदार्थों, जीवों, कणों, कविताओं
और अलवर से अरवल तक की गाँव की यात्रा
और मात्रा को प्रणाम करता हूँ।

प्यार के लिए

अरे! कभी किसी सागर से
प्यार किया है
सागर
ऐसा वैसा नहीं
बड़ा
हहराता सागर
निकट जिसके
चमकता हो
चाँद
अरे! कभी किसी दिन से
प्यार किया है
ऐसा वैसा नहीं
उज्ज्वल-सा
दिन
बीच जिसके
चमकता हो
सूरज

('छपते-छपते', 1999, कोलकाता)

बूढ़े की मुस्कान

उसकी आँखों में नम्रता
अमृत-सी प्यास
सोमरस की चाह
आज होठों पे मुस्कान है

दर्द के
सुख के
दुःख के
नामवर कार्य है

जवान होती लड़की की छाया में बैठा
वह बूढ़ा मुस्का रहा है
जिसकी दाढ़ी में छुपी हँसी है
कभी जवानी के दिनों में मोनालिसा फँसी थी
आज चौराहे पर खड़ा है
फैलते हुए धुएँ के बीच
खाँसते हुए
लार टपकाते हुए
सने हुए हैं बाल

लड़के की खोज नहीं है उसे
उसे खोज लड़के से है
कि कहाँ मिले किस गाँव, शहर, कस्बा में
किससे रचाऊँ शादी बेटी की

आपने कभी सोचा
उसने कहा कि 'हर घर में बूढ़े हैं'
कि हर घर में लड़कियाँ हैं
आज मेरे मुँह पर मौत की मुस्कान है
रात के प्रहर में
दिन के शहर में
नहीं कोई आराम है

('आज', 2001, पटना)

ऐसे समय में

ऐसे समय में
जब भाषा भंस रही हो
पंक्तियाँ परेशान हो रही हों तो
कलियाँ मारी जाती हैं

ऐसे वक्त में
जब बोली कठोर हो
वाक्य विचलित हो तो
कुँवारियाँ मारी जाती हैं

ऐसी घड़ी में
जब अभिव्यक्ति आकाश में हो
शब्द सिहरे हों तो
लड़कियाँ मारी जाती हैं

ऐसे काल में
जब अक्षर अन्धा दिख रहा हो
स्वर समाप्त हो चला हो तो
युवतियाँ मारी जाती हैं

ऐसे पहर में
जब व्यंजन में बाधा हो
आवाज़ में आग हो तो
रानियाँ मारी जाती हैं

('झंकृति', 1999, धनबाद)

सिर्फ दुनिया न देखे

कहीं दूर चलें
हम दोनों
जहाँ हो संगम का
घेरा
एक-दूसरे को
निहारे अकेला
झाड़ी में लिपटे
दुपट्टा का कोरा
सूरज पिघल जाए
फिसलकर गिरे शाम
सिर्फ दुनिया न देखे

रोज़ बहुत

दरवाज़े के बाहर
पिछवाड़े
बस
एक बात
शेयर, मकान, कार
दहलीज पर खड़ी
युवक की अभिलाषा
धनलक्ष्मी, गोरी, लम्बी
अपनी वो रोजगारी...
चौखट के निकट
खड़ी कर्कशा सास
शासन करती बहू पर
अपनी बही व दही के बहाने
रोज़ बहुत-बहुत बातें
घर के प्रवेश द्वार पर
अनु (एक बच्चा) मुस्कुरा रहा है।

('जन संसार', 20001, कोलकाता)

मानचित्र

तेरे चेहरे का मानचित्र
आदित्य-सा
मेरे चेहरे का मानचित्र
ग्लोब-सा
दोस्त के चेहरे का मानचित्र
गुलाब-सा
फिर
गरीब के चेहरे का मानचित्र
झोंपड़ी-सा... ।

('छपते-छपते', 1999, कोलकाता)

इसी आशा में

चाँद
नहीं जानता
कि शहर क्यों उदास है
शहर के बच्चे कितने तबाह हैं
नालियों के किनारे लोगों में
कितने प्रतिशत बचे साँस हैं
चाँद
सिर्फ जानता है
धीरे से
चुपके से
आकर पृथ्वी पर चमकना
सभी रुखड़े नामों पर
शायद
इसी आशा में
कि हर व्यक्ति चमके
मुझ-सा बार-बार
समय-समय से

('झंकृति', 1999, धनबाद)

तेरह अशुभ दिन

रात चौगुनी
दिन दुगुना
घड़ी की टिक-टिक आवाज़
बैशाख की दुपहरी में आ रहा है
एक सुन्दर सलोना बच्चा
तेरह तिथि को
दिन बुधवार कुलमान
सारा कुछ उल्टा-पुल्टा

बच्चा बड़ा हुआ
तेरह की परीक्षा में तेरह रोल नम्बर
और परिणाम में तेरहवाँ पोजीशन
अचानक तेरह लाख रुपया
तेरह मकान, तेरह गाड़ी, तेरह दुकान

वो दिन
तू दीन गिन-गिन, बिन-बिन
प्यार करती तेरह बरस की छोकरी
और तेरह साल
क्या शुभ क्या अशुभ सब कमाल

हे माँ! मुझे तेरह को जनम देना बार-बार
ताकि तेरह को सत्ता पर सँभालूँ कमान
और मरूँ तो तिथि तेरह हो विहान।

पृथ्वी की पपड़ी

जैसे
आँख के ऊपर पपनी
पिता की तरह आसमान
जैसे
माँ की तरह धरती
जैसे
भाई की तरह वृक्ष
वैसे
भारत में है
अंग्रेज की तरह नेता
है किसी न किसी का बेटा

('रास्ता', 1998, भोपाल)

खिड़की पर खतरा

घर में दीवार पर टँगे
अर्जुन के बाण के ऊपर
गौरैया सहमी बैठी है
    एक जगह खिड़की पर
खतरा उसे बाज से है
कि कहीं सचमुच छूट न जाए
या छोड़ न दिया जाए
शान्त भाव से माँ को देख रही है
चहचहाकर पिता की नींद तोड़ रही है
अपलक देख रही है मुझे मग्न कविता में
उसके पंखों की फड़फड़ाहट दिल को झकझोर देती है
उसकी करुण आवाज़ हृदय को वेध देती है
उसके सजल नेत्र रूह को छेद देते हैं
याद आता है बार-बार उसका घर
भूला नहीं पाता कभी उसका डर
अचानक एक दिन पसीने से तर
इधर दुआरी पर भीख दे रहा था
और उधर निर्मम पड़ोसी
उसी गौरैया के पंख रेत रहा था
गोया मेरी गरदन मरोड़ रहा था।

('सार्थक संवाद', 1998, वाराणसी)

शहर-शहर

वे आये और इस कदर गये
कि चिड़ियाँ चुप हो गयीं
वो आयीं और इस जगह गयीं
कि मीरा का भजन शुरू हो गये
वे शहर आये और विषैले हो गये
कि बात करने की वात (हवा) दूषित हो गयी
वो देहात से आये और इस तरह बोले
कि रुखड़ा-रुखड़ा आनन्द मिल गये
अब आप जान सकते हैं
जनता की भाषा और उठते-बैठते
लोगों का व्याकरण
जो पल-पल में क्षरित हो रहे हैं
गुमान दिल्ली के गुम्बज पर बैठ रहे हैं
यह तकलीफें यह स्वर यह खुशियाँ यह क्षण
कुछ इस तरह बदलें
पर पृथ्वी नहीं बदली
कभी भी कभी भी
आप देख सकते हैं अपने पास
बच्चों की मुस्कान...।

('आज', 2000, पटना)

औरत अक्षांश के बीच

हर घर में होता है
औरत का आवेश थोड़ी देर के लिए या बहुत
जब बेहद आवेश में होती है औरत
तो प्यार स्वतः आता है
हिन्द महासागर की तरह
आता है हर वक्त, हर घड़ी, हर क्षण
जब कम गुस्सा करती है औरत
तो ज्यादा खतरनाक होती है
आग की लपट-सी चूल्हे की मद्धिम आँच सहते-सहते
ज्वालामुखी बन जाती है
इस बीच बाल सहलाने पर
माथा चूमने पर, बात चुसने पर
प्यार की नमी बरसाती है
समर्पित हो जाती है औरत
जब औरत आवेश में कमोबेश के बीच रहती है
तब कयामत आती है
उस समय पुरुष पुरुष नहीं औरत होता है
नहीं तो पुरुष के लिए ज़हर होती है
आस-पास की हर चीज़ सहमी-सहमी होती है
उस समय उँगली में चुभी हुई नुकीली सूई से
बहा खून थम जाता है
पक्षी भी उसकी आवाज़ सुन सटक जाते हैं
औरत जब उदास होती है तब आँगन सुनसान होता है
वस्तु-बिन्दु वीरान-सा होता है
औरत बच्चों के बीच सिर्फ माँ ही नहीं बल्कि बच्चा होती है

खुश होने पर धूमिल दुनिया भी आबदार होती है
औरत का प्रेम प्रेमिकाओं से ज्यादा होता है
सावन की बारिश की तरह बरसता है
सुख में भी और दुःख में भी औरत मर्द के साथ पूरी जान पड़ती है
छद्मवादी मर्द के साथ दर्द होती है
औरत-औरत के साथ फर्ज होती है
औरत भविष्य की डोरी होती है
भूत की धुरी होती है
वर्तमान की चूरी होती है
औरत समाज के बीच आँचल ओढ़े गुलाब होती है
टी-शर्ट पहने शबाब होती है
नंगा होने पर कबाब होती है
और ठीक वही समाज के बीच किसी की दृष्टि में बीज होती है
किसी की सृष्टि में चीज़ होती है
किसी की दृष्टि में तीज़ होती है
और ठीक वही समाज के बीच की दर्पण होती है
तर्पण होती है, अर्पण होती है
यारो! आँखों के सामने चाहे वो तरुणी हो या बूढ़ी हो
नदी की तरह बहती रहती है
वादियों की तरह होती है
आकाश की तरह होती है
शर्मीली शाम की तरह होती है
पृथ्वी पर बर्फीली बाँझ की तरह होती है
धरती के गर्भ में समाती सीता होती है
वैज्ञानिक युग की पिता होती है
औरत! सचमुच औरत!
हर मौसम में चुप और धूप होती है
शांति होती है
स्टोव में पिन मारने पर क्रांति होती है...।

('आज', 29 नवम्बर, 199, पटना)

वर्णन के बारे में वर्णन

पूरा शहर होता है रंग में
जब आती है होली
लेकिन वे जो बैठे रहते हैं
सिर्फ सीढ़ियों के पास बेहद ठंडे मन से
वे जो अगोरते हैं लहलहाते खेत
मकई के मचान पर
आँखों में उनके चमकते हैं सोने के दाने
मेरे कुरते पर लगे बटाम की तरह
वे झगड़ते हैं उसी दिन जोर-जोर से
माँ-बाप से भाई-बहन से
उसी रंग में ढलने के लिए
वे मंदिर-मस्जिद के पिछवाड़े गुजारते हैं
अपना समय
सूर्य की आग लिए पृथ्वी की पीड़ा लिए
जीवन का फाग लिए चाँद को मनाने के लिए
उनका रंग कहाँ है
कहाँ है उनका रंग
हमारी वेदना हमारी खुशी
धब-धब ढोल के थाप की आवाज़
और बोल खुरदुरे की तरह सुनाई देती है साफ-साफ
तब हम वेदना को डाँटकर भगा देंगे
खुशी को माँ के आँचल में रोप देंगे
देखेंगे दुनिया में लथराई हुई साग का खेल
लेकिन मैं इस वर्णन का क्या करूँ
क्या करूँ कि वर्णन रंग में ढल जाए
और पूरा का पूरा शहर
थोड़ा सजग हो जाए

दीवार पर बैठे मिठू मियाँ

मिठू मियाँ को रोज-रोज सूर्यास्त के आस-पास
आदत थी टूटे हुए दीवार पर बैठने की
करीब ही था पशुओं का झुण्ड
और चरन खाने के लिए
मिठू मियाँ कभी नहीं दिखे उदास
और कभी नहीं लगे हताश
बुलंदी इतनी
कि बादल को इरादों के धारदार चाकू से फाड़ने की बात करते
यद्यपि उनके हिस्से के साथ पूरी नहीं हुई इच्छा
नहीं पूरी हुई दीवार
कि सो सकें अपने कमरे में खर्राटों भरी नींद
और पूरा नहीं खपड़े का भी छप्पर
जिस पर बोल सके काग
और जिसमें खोल सकें दुकान
पड़ोस की दीवार से नफरत नहीं की
नहीं छीना हक किसी का
उनकी आधी दीवारें बातें करतीं
पड़ोस के पूरी दीवारों से कि कहना–
मैं कब उठूँगी
कब रखूँगी सँभालकर अपने मियाँ को
बच्चे नाच रहे हैं दीवार के पास
राजस्थानी नाच
और नाचने में इतना मशगूल हैं
जैसे दीवार इस नाच के साथ
एक इंच उठ रही हो!

अपनी पहचान

मैं दक्षिणी ध्रुव से चलकर
उत्तरी ध्रुव तक प्यार करूँगा
कर्क रेखा से चलकर
विषुवत रेखा पार कर
मकर रेखा को भी प्यार से बाँहों में भर लूँगा
साढ़े तेइस डिग्री से जीरो डिग्री तक
प्यार करने के एहसासों को जगाऊँगा
सियाल पर सोकर
साईमा पर जागकर
निफे के अन्दर प्यार का बंद द्वार खोलूँगा
नदियों को चूमते हुए
सागरों को सहलाते हुए
पहाड़ो की छाया तले
प्यार के तूफान को उस ऊँचाई तक ले जाऊँगा
जहाँ कोई नहीं पहुँचा पाया
जहाँ तक कोई नहीं पहुँच पायेगा
अपनी दुनिया बसाऊँगा।

खोइला

(चूड़ा कूटने में इस्तेमाल होता है)

एक छोटा-सा प्यारा खोइला
आम के पेड़ की टहनियों से बनता था
यह 20वीं शताब्दी का औजार था
गाँव-घरों का दुलार था
इसका चिकनापन मक्खन-सा
इसकी लालिमा के कायल थे हम
हालाँकि इससे बना हुआ सबने खाया
पंडितों का प्रिय तो था ही
कई बार विदेशों का भ्रमण किया
लेकिन लौटकर नहीं आया कभी
आज बाज़ार में खाने को मिलता है
लेकिन उसका कारीगर नहीं
कभी-कभी अपने मौसम में एक-एक कटोरा मिलता है
लेकिन खोइला से बना नहीं
और खोइला नहीं तो स्वाद नहीं
माँओं के हाथ से कई बार गुजरा
कानों से कई बार सुना
थोड़ी-सी गलती पे फच-फचाकर खून निकल आता
खोइला
सिविलाइज्ड लोगों का औजार नहीं था
किसानों का भी नहीं
बल्कि पत्नियों का परसनल औजार था
जिससे डाकुओं के कपार फूटे थे
और पतियों के लिए तो इशारा ही काफी था

छह इंच छोटा

सामने कलेण्डर के ऊपर चिड़िया बैठी है
चिड़िया का बच्चा भी और चाचा देख रहे हैं
कलेण्डर की तारीखों पर फैला खून
एक दिन
दो दिन तीन दिन...!
एक मौत
दो मौत
तीस मौत...!
छह दिन की छट्ठी-बरही
छह दिन का हिसाब-किताब
छह दिन का छोटा-छोटू
जो चाकू से कारतूस के छर्रे से
छटपटाकर पृथ्वी पर छोटे पड़ गये।
बलेछी से दनवार बिहटा
जहानाबाद से सकुराबाद कोई नहीं
कोई आबाद नहीं है
कोई संवाद नहीं है
चेहरों पर तैर रहा है मौत का सन्नाटा
यह कविता आपके लिए नहीं है
लेकिन किसके लिए नहीं...
मेरी कविता पर पड़े हैं खून के धब्बे
यह क्या है जो उसने किवाड़ पर मारा धक्का
और फटे टमाटर की तरह बिखर गये खून के छींटे
होली में हमने बाल्टियों में लाल रंग पोता था

यकीन माने वह किसी का खून नहीं था
यकीन माने माँ ने मेरे मुन्ने को लोरी सुनायी थी
उसकी आँख से बहती रसधार नहीं
यह कविता लिखने का वक्त नहीं
यह कविता पढ़ने का वक्त नहीं
यह वक्त है अपने भीतर की हजार-हजार प्रतिरोधी
अनुगूँजों को समाज में घोल देने का
जैसे चीनी पानी में मिलकर शरबत हो जाती है।

आसमान की आँख

अलस्सबह अखबार देखा
तुम्हारा नाम दर्ज था कोने में
लहलहाते खेतों में फसल की तरह
काले-काले अक्षरों में
पाँव का जूता खून से सना था
जहाँ नाम निकलने से पहले छप चुका था

जिन्दगी के आखिरी मोड़ पर मुख पृष्ठ पर
तुम ही थे भाई अपनी खामोश बेचैनियों के साथ
तुम्हारी लाश उठने से पहले कोई ऐसा नहीं था
जिसने अपना आँसू न बहाया हो
मेरी कविता पूरी होने से पहले ही जल चुकी थी
प्रतिशोध की ज्वाला
और पुलिस एफ.आई.आर. दर्ज करने से पहले
बन गई थी बलि के बकरों की सूची
और उस सूची में तुम्हारा नाम सबसे पहले टँगा
तुम्हीं ने पूछा था सबसे पहले
कि सबसे अधिक निर्दोष क्यों मारे जाते हैं आजकल
मैं नहीं जानता कि तुम किस सेना के थे
मैं नहीं जानता कि तुम अपनी आखिरी साँस के साथ
क्या सोचा होगा इन हत्यारों के बारे में

मैं सिर्फ जानता हूँ
कि तुम्हारा खून तुम्हारे बच्चों के भीतर बीज बनकर

जो बैठा है समय की इस शिला पर
क्या साबित हो सकेगा शान्ति का बरगद
लहलहाते खेतों में फसल की तरह
अखबार के कोने में तुम्हारा नाम
आसमान की आँखों में आँसू देखो
देखो, किस कदर भीग गयी
चूनर धरती की!

एक कविता एक कहानी की करुणा है

यह कितना अच्छा होता
कि एक कटहल पूरी कविता होती
एक गुलाब पूरी कविता होती
एक फूलों का बागान कविता होती
बाबा की फुलवारी एक किताब होती
क्या यह सम्भव नहीं
रोज़ का तापमान कविताओं को गर्म करती
कुछ लुच्चों-लफंगों को शर्म कराती
महज संयोग है
कि एक कविता पगलाये हुए हाथी नहीं हैं
एक कविता एक कहानी की करुणा है
जो ठहरती हुई स्टेशन वरुणा है
एक कविता में क्या चाहिए
किसी का हिस्सा या हिसाब
किसी का किस्सा या शबाब
एक कविता में सबकुछ चाहिए लाजवाब
रहो या न रहो पाठक करेंगे
याद-फरियाद

गुडलक, बाये-बाये बेबी

रात्रि की सोंधी महक
और सर्पीली रास्तों से गुजरते हुए
एक शामियाने में अर्द्धनग्न नर्तकी गा रही है
नाच रही है बिहार के गाँवों में
नर्तकी यानी नचनिया
यानी एक नचनिया की आध्यात्मिक दुनिया
जहाँ से हर कोई छूकर जाना चाहता है
अपनी दुनिया में
और इस दुनिया से कितने अफ़सर, इंजीनियर, डॉक्टर
    और न जाने कितने कलेक्टर गये
नरतकी यानी उल्टा पढ़ा तो किरतन-सा
इस किरतन का नरतन सोनलमान सिंह, बिरजू महाराज
या शोभना नारायण का दरबार में नहीं है
और नहीं है कोई थाप पर गायन कुमार गन्धर्व की
यह तो टूटे-फूटे लय में एक लय देती गाँव की दुनिया है
जहाँ बुनिया खाया जाता है
रैता और ललका साग के साथ
और नहाया जाता है पानी-बुनी से
एक जवान हो रही है नर्तकी
जिसके कंठ में देवी समायी-सी
घड़े पर नाच रही है
घड़े का पानी उँड़ेलकर ठायँ-ठायँ गोलियों से
छलनी हो आया शामियाना
और मुँह में नोट की गड्डी दबाये पानी की तरह

नशीली आँखों से पिला और पी रही थी
कि अचानक एक नृर्तकी बेहोश
एक गोली से...!

ॐ जाप-नाप-माप

नीम रौशनी में एक मंत्र पढ़ रहा है महात्मा
एक साधु गंगा नहाकर तन्त्र बता रहा है
औघड़ मन्त्र दे रहा है
ये सारी प्रक्रिया में मंत्र-तंत्र-जंत्र कहीं नहीं है
किसी और के पास है
नमस्तस्यै! नमस्तस्यै! नमस्तस्यै! नमो नमः

दिल्ली के दरबार में गाये जा रहे हैं भजन
और ऐलान किया जा रहा प्लानिंग 21वीं सदी की
इधर हो रहा है बच्चा
मुँह में उँगलियाँ डालें
स्वास्थ्य विभाग की मशीनें खराब हैं
स्त्रियों की वेट लेनेवाली
मंत्री के घर में शान्ति पाठ चल रहा है
नमस्तस्यै! नमस्तस्यै! नमस्तस्यै! नमो नमः

खाट पर खाँस रहे हैं काका
और बिजली पानी की कमी
पढ़ाई में कमजोर हो रहे बच्चों की चिन्ता
वशिष्ठ नारायण सिंह को सता रही है
कभी बड़बड़ा कर बोल रहे हैं
महान गणितज्ञ
कहाँ है आर्यभट्ट!
नमस्तस्यै! नमस्तस्यै! नमस्तस्यै! नमो नमः

स्लेट

यह काला-सा चेहरा लिए
काले-काले अक्षरों से भरपूर कयोला के समीप
कोई लवरपुल पर
    'क' लिख डाली है
दुनिया के महानतम अक्षरों में
'अ' को कंठस्थ कर ली है
छुक-छुक रेल की आवाज़ अब
साँय-साँय धड़-धड़ बज रही है
उस समय रेल का लिरिक संवेग कितना प्यारा
बच्चों के स्लेट पर आता था
मुझे याद आ रही है रेल की पहली यात्रा
बिहटा से बक्सर तक की सुषमा दीदी के साथ
कैसे स्लेटी रंग का कोट पहने टी.टी. आया
और अचानक जी घबड़ाया
जबकि माँ ने ललाट पर काली बिन्दी लगायी थी
1975 में उसने 50 रु. तड़ से ले लिए
एक्सप्रेस ट्रेन में पैसेंजर का टिकट था
पता नहीं अब टी.टी. टिकट क्यों नहीं माँगता
कोर्ट का कोट पहनने से
या वोट का नोट लेने से
चलो स्लेट पर 'ख' लिखो
यानी 'ख' से खाली खलिहान
कल जरूर होगा तुम्हारा विहान!

अंशदान

पूजा स्थलों की पेटी पर लिखा
अंशदान
माँ ने डाला एक रुपया
पिता ने दो रुपया
वैसे कई माँओं और पिताओं ने डाला धीरे से
मैंने खून दान किया
एक साल में एक बोतल
दो साल में दो बोतल
यहाँ तक कि मैंने आँख दान करने का प्रमाण-पत्र लिया
अंशदान महादान
कौन दान किसके लिए?
एक दान से पुजारी खाते हैं
दूसरे दान से डॉक्टर सरकारी पीते हैं
आँख दान का पता नहीं
शायद! अमिताभ, जया या ऐश्वर्या का पता हो
एक औरत मटमैली-सी आयी
और एक बेटा दान में दी
उसके पास छह बेटों की लाइन थी
किसी ने वेतन से एक दिन का दान दिया
झूठा दान लिया
कि यह दान कारगिल में!
या गुजरात के भूकंप में!
यह देश दान-दान करते-करते
खुद को दान न कर दे
और दान लेनेवाला जापान न चल दे...।

समहुत

रात्रि के आठ बजे हल-फाल-कुदाल लिए
साथ में एक जोड़ी बैल लाठी लिए
एक लोटा पानी गंगाजल फेटा हुआ
एक छिपा में अक्षत, रोली, फूल-धूप, बाती
माथे पर पगड़ी बाँधे जा रहे हैं खेत पर
बाबूजी की सख्त हिदायत बीच में बोलना मना है
आज समहुत का दिन है दो धारी चलेंगे बैल
तब खेत में बुआई
फसल लहलहाएगा सालों भर का अनाज आएगा
मुझे नहीं पता कि इतनी चुप्पी किसलिए
जब सरकार औने-पौने दाम पर ले लेती है अनाज
बीच में नहर के पानी का अभाव खाद की किल्लत
जब धान के गाभ मुँह पर आकर मुरझाता है
तो किसान मुरझा जाता है हत्या करता है
बीज डालने के दिन दो-दो अंजुरी धान गमछी में पड़ता
और बेचकर लाते थे पैसा
कि कल निरंजनपुर जाकर टिफिन में खाएँगे खसिया रसदार
तब माँ से सुनाएँगे सीना तानकर, झाना बाबू के नाती की तरह
कि आज हम भी टिफिन में खाये हैं माँ
हालाँकि झाना बाबू की तरह नहीं होता है पहिरोपना
सबसे आगे एक सौ पहिरोपनी के साथ
जब धान का पौधा चम्पई रंग का होता था
और पीछे जाकर खड़े हो जाते थे सारे बच्चे
पहिरोपनी फेंक देती थी देह पर कीचड़ पांकी

ताकि पीछे से कोई देख न ले...।
खैनी की ताल ठोंकते हुए जवाहिर उखाड़ फेंकता था बिजड़ा
श्रीया तो प्याज रोटी पर काफी था
लोट-पोट कर देता था मालिक को
शाम के समय अनाज के अभाव में भी देना पड़ता था सेर भर
आटा दो सेर चाउर मजूरी में
इस आशा में कि एक दिन भर जाएगी भंडार घर की कोठी
पंडित बाबा का बनाया
और कोठी में रख दी जाएगी महुआ, आम, इमली
जौ, गेहूँ, खेसारी बुँट (चना)...
हर घर से निकल रहे हैं लोग समहुत करने एक पर्व-सा
क्या आप भी चुप रह सकते हैं कुछ देर!

(परिचय, वाराणसी)

एक दूर गाँव का मास्टर

जब आता है रोज़ परशुरामपुर से वलिदाद
सब्जी खरीद लाता है परासी से
कब किस समय किसको खरीद लेगा
पता नहीं चलता
किसी का मन खरीदेगा
किसी का तन, किसी की भावना, आराधना
बच्चों की मुस्कान खरीदना चाहता है वह
दुनिया की तमाम चीजें खरीदना चाहता है
साइकिल से चलते हुए दो घंटे लेट पहुँचता है स्कूल
आकर वृक्ष कथा सुनाता है
क्योंकि रिपोर्ट देनी है सरकार को झूठी सी
धोती कुरता पहने नज़र रखता है
राजसी ठाट-बाट पर
वह झुकना नहीं चाहता
तालाब की मछलियों के सामने
मछलियों को खाना चाहता है जी भर
उसे डर है
कहीं कोई लिख न दे
उसकी कथनी-करनी
रातभर सो रहा है मास्टर
सिर्फ इसलिए कि उसे बेचना है
बोरा का बोरा गेहूँ बच्चों के हक का...!

वजह

मैं तो बचपन में रूठा करता था
थोड़ी-थोड़ी बात पर
आज माँ रूठ जाती है
समझ में नहीं आता कैसे मनाऊँ उसे
तब तक पत्नी बेटा-बेटी रूठ जाती है
कभी लगता है दुनिया में जीना बेकार है
कभी लगता है चिल्लाऊँ जोर से
कभी लगता मनाऊँ
वजह
मात्र पोते के कारण नाती के कारण
पत्नी सिलवट पे नहीं रगड़ेगी कुछ भी
नहीं पीसेगी धोयेगी चलायेगी लोढ़ा
मैं अकेला बेटा
न घर का न घाट का
डर है
कहीं पिता न रूठ जायें
पैसा के कारण
कि तुम पाँच बरस में पाँच आना नहीं दिया
माँ की बात छोड़ो
पत्नी माँ नहीं
नई माँ है...!
ऐसा पिता कहते हैं...।

दस धुर जमीन

फुलवारी से सटे पाठक जी की जमीन है
बाबा ने भगीना को दान दिया था
अब पाठक जी मर गये
कोई नहीं है यहाँ उनका
एक बेटी ब्याह दी गयी
अब दामाद दस धुर ज़मीन बेच रहा है
बोली लगा रहा है गाँववालों से
कि किसी तरह लड़ाई हो जाए यहाँ
बाबा कभी नहीं सोचे
कि इस छोटी-सी धरती के कारण
दस मर्डर होंगे
आर्डर दामाद का
मर्डर बाबा के बेटों का
जमीन जिस पे खड़े होने की थोड़ी-सी जगह मिलती है
क्या मरने के लिए होती है?
फिर देश के बार्डर की जमीं की क्या दशा होगी?

जमीन का नक्शा होता है
एक नशा होता है
नाता होता है
रिश्ता होता है...।

तै है

तै है
बिटिया की शादी
जरूर आना

तै है
मिल जाएगी नौकरी
घूँस देने पर
साक्षात्कार में जरूर बैठना

तै है
यार
आज दो अपहरण
सुमो लाना

तै है
आज बैंक में डकैती
दो बॉक्स गोली चली

तै है
मंत्री का आना
अखबार के मुख पृष्ठ पर खबर देना

तै है
कविता नहीं छपेगी
सम्पादक से पैरवी कर देना
तै है तै है तै है
जय हे जय हे जय हे!

1990 की मनोरमा

जब हँसती थी
तो बाजार के खिलौने उदास हो जाते थे
प्लास्टिक की रेलगाड़ी रुक जाती थी
बच्चे बेहद प्यार करते थे उसे
उसकी बोली में मधु थी

मनोरमा
जब देखती तो खिलखिलाकर भाग जाती थी
पता नहीं वो हमसे बातें क्यों नहीं करती थी
सिर्फ पेड़ के हरे-हरे पत्तों के बीच रहना चाहती थी अकेली
चुपके से पकड़ लेने पर रोने लगती थी
कनैली की फूल की तरह थी
जो हर कोई तोड़ लेना चाहता था उसे
चढ़ाने को शिव मन्दिर में

मैं जोड़ना चाहता था उसे
लेकिन वो जोड़ने पर टूटने की बात करती थी
एक दिन बीमार हुआ झूठा-सा
लपककर एक चुरुआ तेल डाल दी माथे पर
दवा दी देह नेह से
मैं रोने लगा तो वो भी फफक पड़ी
पता नहीं वो मुझसे क्या चाहती थी
अब तो ससुराल में है सुरक्षाकर्मी के साथ
मिली तो बोली—
मैं हमेशा असुरक्षित रहती हूँ!
कड़ी सुरक्षा प्रहरी में!

कोरहाग

कोरहाग
अच्छी सास का न होना
न होना ससुर का

कोरहाग
बहू का
ठीक से काम नहीं करने का

बेटा का लकवा हो जाने का
देवर आवारा
हर बात में गाली देने का
हर साथ में खाली रहने का

कोरहाग
न जीने का
न मरने का
ऊबन होने का

सही सलामत रहने का कोरहाग
जीवन भर
हाय रे कोरहाग!
हाय रे कोरहाग!!

नौ हाथ का पगहा

जिसमें काफी हुनूर था
वे लटका दिये गये
बाँध दिया गया आम के पेड़ पर
सुबह मरा हुआ लाया गया घर
नौ हाथ के पगहे के साथ
जिसमें गाय का बछड़ा बाँधा जाता था रोज़
और घुँघरू
उन्हीं का ओरचन किया रचा हुआ
गले में फँसा दिया
लगा दिया गया इलजाम गंदे लोगों ने
जब उनकी चिट्ठी खुली तो पाया गया
कि कलकत्ते में उनका बेटा और बेटी
समलैंगिक बन गये हैं
दहेज के पैसे लिये दिये लौट गये!

जनता दरबार

ब्लॉक के ठीक सामने जनता बैठी है
अगोर रही है कागजात
डी.एम. आनेवाला है
गमछा लिए एक बूढ़ा सो रहा है
विधवा स्त्री रो नहीं पा रही है
साहब! आज बेटा बहुत बीमार है
तो मैं क्या करूँ?
आज बात होगी पनिवट पर मालगुजारी पर
बोलिये मुखिया जी
नहीं सरकार मैं क्या बोलूँ!
रामबालक महतो का बेटा मेडिकल में छँटा गया है
जो झूठ है एक बेटा है गरीबी बहुत है
कान में खोट के कारण
देखो, मैं साक्षरता अभियान की बात करने जा रहा हूँ
बीच में फालतू बात क्यों अटाते हो
हुजूर! यह दरबार आखिर जनता का है
कल साँप काटने से भतीजा की मौत हुई
और एक भी डॉक्टर अस्पताल में नहीं थे
हाँ मेरे घर में दरवाजा नहीं लगा है
हाँ मेरे तो घर खपरैल के अभी भी हैं
हाँ मेरा लोन बढ़ता जा रहा है
हाँ मेरी भैंस मर गयी
अब गाय का चारा नहीं है
चलो जी अब आरा में नहीं रहना है

कल मंत्री जी से कहकर ट्रांसफर करवाता हूँ
यहाँ के लोग जीना हराम कर देंगे
केवल प्रश्न ही प्रश्न है यहाँ...।

भरोसा

रो रहा है दूल्हा
हँस रही है दुल्हन
सास कर रही है परिछावन
सहेलियाँ फेंक रही हैं फूल
समधी गले मिल रहे हैं
शामियाने में नाच रही है रंडी
दूल्हा 10 वर्ष का
दुल्हन 9 वर्ष की
आँख में काजल लगाये दूल्हा
और माँगों में सिन्दूर लगाये दुल्हन रो रही है
    विदाई से
भरोसा करो बेटी
एक दिन तुम्हारा समय आएगा
और इसी तरह शादी करेगी अपने बेटा-बेटी की
छाती गर्व से दो इंच ऊँचा उठ जाएगी
दो-दो रुपये की माला लटकाये दूल्हा डोली में बैठा है
और पियरी पंजी पहनकर दुल्हन
पिता की आँखों में आँसू
और भाई फफक पड़े हैं नदी की तरह
देश का राजा कैसे रोयेगा कैसे भरोसा दिलायेगा
जब वह खुद कुँवारा है
ब्रह्मचारी नहीं

एक्का*

(विष्णु नागर को)

उन आँधियों को नहीं रोक पाया
जो सिवान छोड़ आसाम चले गये
वे वहाँ रोक नहीं पाये प्रतिष्ठा
प्राण देते गये
अब हमारी कहाँ जगह है?
न स्वर्ग में न पाताल में
न घर में न दालान में

हम राष्ट्र के अकेला यात्री बन गये हैं

ठन गयी है हमारी सब में
हम टुकड़ों में जीना चाहते हैं
एक छोटी-सी खुशी के साथ
नाखून के मैल जितनी जगह चाहते हैं आपके पास
ताकि बचा रहे जीवन
हम एक्के का सवारी करते हैं
पुरखे नाराज हो जाएँगे
हम चाय के बागानों में काम करते हैं इज्जत के साथ
हम सबकुछ बर्दाश्त कर लेंगे
जैसे कि हत्या जैसी बात
लेकिन बिहारी का मतलब गाली कभी नहीं है
यह तो कवि का नाम है
और ये संवेदनशील मुखिया होते हैं
देश के
राज्य के...।

('मैत्री-शान्ति', मार्च-मई 2004, अंक-14)

---

*एक्का = टमटम

मुवक्किल

मूलतः हमें दुःख पर से
सुख चाहिए
गम पर से खुशी
गवाही नहीं चाहिए
कोर्ट नहीं जाना
सिपाही नहीं चाहिए
अब अपराधी रात में नहीं दिन में घूमते हैं कार में
पैदल नहीं चलते हवाई जहाज में
मुख्यमंत्री की अपील है शान्त रहें
सचिव प्रतिक्रिया-स्वरूप की बात कर रहे हैं
इन्हें शब्दों का वजन का पता नहीं
शब्द भी कितने खतरनाक होते हैं
महज नौकरी खातिर छोटी नौकरी खातिर
बड़ी नौकरियाँ छोटी नौकरियों को खा रही हैं
वहाँ (असम) की जनता क्या करती
यहाँ की जनता क्या करती
इस व्यवस्था में पशु-पक्षी, कीड़े-मकोड़े सबकी लालसा है
नौकरी नहीं छोड़ें
कोई विदेश जा रहा है तो कोई राजधानी
कहीं जाने-आने का अर्थ रह गया है
अपराधी, हिंसक, चोर, बेईमान और बिहारी...।

('मैत्री-शान्ति', मार्च-मई 2004, अंक-14)

स्पर्श

एक किताब है
जिसमें रखा गुलाब है
गुलाब लाल है उजला है कत्थई है चम्पई है
बागान में खिलता हुआ
घास पर बैठा बच्चा है
मुस्कान गुलाबी है
बच्चा बड़ा हो रहा है
पापा बूढ़े हो रहे हैं
सबकुछ बड़ा-छोटा हो रहा है
बाजार में
बच्चा खुश है
बच्चा बाजार सा है
और बाजार बच्चा-सा नहीं है
अब इस छोटे से शहर आरा में
बहुत बाजार हैं
पर गुलाब नहीं
जो बीचों-बीच सड़कों पर दिखाई देते

('सर्जना', एक, 2003, उरई)

फैशन का फैसला

यह तो आरा शहर है भाई
कोई महानगर नहीं
नहीं कोई फैशन का फैसला करने वाला
मि. डारुन या मिसेज पारुलिस!

यह शहर अपना शहर है
गाँव का शहर है
जो आधी रात को भी खिलाता है लिट्टी-चोखा
धोखा कभी नहीं देता

महानगर में धोखा छोड़ क्या है?

इस लिबास में लिपटी हुई छोकरी
ऐंठ रही है टेलीविजन पर
और नंगे लोग नंगी आँखों से पी रहे हैं
अंग-अंग वस्त्र अंग

बूढ़ी माँ बक रही है गाली
टी.वी. ऑफ करने का ऑर्डर देती है
तबतक इस शहर से एक छोकरी
उसी लिबास में आ धमकी है
सर! आज से दो दिन बाद
शहर में फैशन शो होगा
आपको निर्णायक मंडल में रखा गया है

शहर के सारे शैतान मौजूद हैं
शो चल रहा है
ढीले कपड़े में कोई टाइट कपड़े में मंच से गुजर रहा है
और संगीत की आवाज आ रही है
उसी दिन फैशन में डूबी लड़की की माँ ने फाँसी लगा ली है
मानो फाँसी का फैशन है!

('सर्जना', एक, 2003, उरई)

मगही पान

मुझे पहाड़ से चिट्ठी नहीं आयी
नहीं आयी कोई शगुन की चीज

पत्र आया
बड़ेरी से गिर रही है बारिश की बूँद
और तुम भौजाई से मिलने गयीं
नहीं आया वो ख़त
जिसे आते ही पाँव धोने की आवाज थी

चाँद से खत नहीं मिला

सूरज तो जला देगा
पीपल के पत्ते में बँधा
मगही पान में पत्र मिला
जिसकी लालिमा सुहाग मात्र सी थी

मुझे यकीन है
तुम झाँकोगी पृथ्वी के उत्तरी ध्रुव से
ताकि बर्फ को गारते हुए सो सकूँ
प्रतीक्षा में
दक्षिणी ध्रुव पर कभी-कभी!

('युद्धरत आम आदमी', जु.-सि. 2004, अंक-72, नई दिल्ली)

'रक्छा' (राखी)

चिड़िया किसको राखी बाँधेगी
किसको लगाएगी रोरी-चन्दन
शंख कौन फूँकेगा?
घोंसले की रक्षा कौन करेगा??
बरामदे में चू रही है बारिश
कोठिला चावल का
निकाल लेगी सेर भर
लाल-पीला खातिर
अब नहीं आ रहा है बौरहत
अब नहीं जा रहा है नाई
इसलिए शादी में हो रही है कठिनाई
यहाँ कोई नहीं है माँ!!
बस चिड़िया है
और चिड़िया है
और चिड़िया की चतुराई
बाजार में बिक रही है दवाई।

('युद्धरत आम आदमी', जु.-सि., 2004, अंक-72, नई दिल्ली)

प्रणाम

सही सलामत रहे
और सँवर जाए
बुरा सपना तमाम
उसे प्रणाम

वैसे ऋषि को
जिसने दुनिया में
काम किए आम
उसे प्रणाम

उस भयावनी रात के समय में
जो कविता पहरुआ बन
करे शाम
उसे प्रणाम्

जो बच जाए
अच्छा दाम
मिट जाए
कच्चा नाम
उसे प्रणाम

('पाहुन', मई-जुलाई, अंक-5, 2004, बस्ती)